方法对了，

教育

就简单了

范先稳 著

河北出版传媒集团

河北教育出版社

图书在版编目（CIP）数据

方法对了，教育就简单了 / 范先稳著. -- 石家庄：
河北教育出版社，2021.8（2025.1重印）

ISBN 978-7-5545-6615-2

Ⅰ.①方… Ⅱ.①范… Ⅲ.①学习方法 Ⅳ.
①G442

中国版本图书馆CIP数据核字(2021)第096908号

方法对了，教育就简单了
FANGFA DUI LE，JIAOYU JIU JIANDAN LE

作　者	范先稳	
责任编辑	孙雪松	
装帧设计	于　越	
出版发行	河北出版传媒集团	

河北教育出版社 http://www.hbep.com
（石家庄市联盟路705号，050061）

印　制	廊坊市佳艺印务有限公司	
开　本	787mm×1092mm　1/16	
印　张	15.75	
字　数	268千字	
版　次	2021年8月第1版	
印　次	2025年1月第2次印刷	
书　号	ISBN 978-7-5545-6615-2	
定　价	78.00元	

序

　　受范先稳先生之托，邀我为《方法对了，教育就简单了》写序。不过，当我读罢书稿之后，很是汗颜，与其说让我写序言，不如说让我在新的领域开始了一次学习之旅。这绝非谦虚，因为此前我对NLP（Neuro-Linguistic Programming）只闻其名而不知其实，百度一下，方知是神经语言程式学的英文缩写。好在拜读范先生的这本书稿之后，方对NLP有了一定的了解。

　　何以谈起NLP？因为这本书起初的题目就叫《NLP与教育整合，教师专业化发展的新途径》，《方法对了，教育就简单了》是交由出版社时改用的书名。不过，就内容而言，是由学习与研究NLP开端又用之于实践而展开的，如果将书中介绍的NLP理论和技术应用于教学实践，教育确实就会变得更有效更简单了。

　　这虽是一本实用性很强的教育方法学著作，但对于我这个初学NLP者来说，读起来并不晦涩。如果不是已经对NLP了然于心而又想对其探幽洞微者，阅读此书当是一个绝佳的选择。书中有大量的典型案例，有范先生极其鲜活的教育教学实践活动，还有通过范先生的指导或听了其讲座之后的教师、家长所写的文章，以及范先生辅导学生走出低谷的案例。此书读起来使人如沐春风，同时可以得其要义。

NLP让人们看到了更多的选择，不同的选择源于大脑中不同的程式。如对待同一事件，你可以选择积极思维，也可以选择消极思维，而积极思维或消极思维一旦定格在一个人的心里，就毫无疑问地决定了这个人能否成功的生命走向。

在"学习动力系统理论"部分，范先生特别引用了魏书生老师的一句话："学生的学习动力主要来源于三个方面：一是目标，二是兴趣，三是毅力。"显然，这是魏老师在教学实践中总结出来的经验。他的学生，也因而有了源源不断的学习动力以及比较理想的成绩。同时，范先生还提到，老师或家长除了要关注学生的学习动力，还要帮助他们消除学习上的阻力，并将学习阻力归纳为"负面情绪、限制性信念、低效的学习方法和薄弱的基础"四个方面，"学习阻力"的提出更是让人耳目一新。

目标是最重要的动力之源。在这方面，我自己就很有感受。很多年来，我的目标定位就是做一个对儒家文化有一定研究，对全国教育界名家、名师、名校长有所研究且大量报道者。舍此之外，极少问津。我并非没有其他方面的爱好，只是考虑如果目标太多，分心就多，每一方面都要着力，很难有行至高远的目标。我欣赏范先生主张取法乎上地制定目标的方略，如果能制定一两个很高的目标且能如愿以偿，就有了非同寻常的价值。

目标定好了，如何发挥自身巨大的发展潜力实现目标，就大有学问了。

这又要回到前面所说的积极心态了。因为目标虽定，可在朝着目标行进的路上，往往不是一帆风顺的，甚至是荆棘丛生，还有可能遭遇到各种各样的失败，这就是书中提到的阻力。遇到阻力的时候，是止步不前，还是决不放弃，启动不同的大脑程式就会产生不同的结果。选择前者，会让你所有的努力付之东流；选择后者，会令你百折不挠地走向前方并最终得到胜利女神的青睐。

显然，这需要一种持久甚至是恒定不变的前行动力，"不忘初心"和积极的正向反馈是范先生开出的给行为带来持续动力的处方。

比如，1978年春天我决定要参加高考的时候，就有了通过努力学习考上大学，摆脱连续十年乡村苦苦劳作的目标。在确立这个目标时，我的头脑中不断涌现出自己在大学学习生活的情景，心中充满了对未来改变命运的憧憬，这就是我的初心，它给我带来了巨大的动力。作为一个地道的农民，我不可能请假坐在家里为准备升学而学习，因为我是生产队里的一个青年劳力，一个月请半天假几乎是不可能的。可是，为了实现"考上大学"这个目标，就有了挤一切时间学习的动力。白天劳作之时，我和当年也要考学而又同为农民的三个同伴挨在一起干活，边干边交流考学必须掌握的学科知识。晚间我在煤油灯下全身心地投入学习之中，听不见外面的喧嚣，甚至连已至凌晨也浑然无知。没有任何人催促，即使父母与妻子也并不鼓励我考学，因为我真的考学而去，家中就少了一个整劳力，全家的工分就少了很多，收入也就相应减少。可改变自己命运的目标已定，就有了谁也阻拦不住的动力。那一年高考，我取得了全县第二名的成绩，与第一名只有0.25分之差。同一公社比我低20多分的一个考生，被山东大学录取，而我却因政审问题被济宁师专延后补招。尽管如此，这一年的目标与动力，成了改变我生命走向的关键。书中提到"凡事发生必有助于我"，也许正因我从农村走出来之难，才有了43年一以贯之的强大的学习动力，不管是在济宁师专求学还是在曲阜师范任教，不管是在山东教育社做编辑、做领导还是退休之后的学习、讲课、采访和写作，我几乎没有给自己留下休息时间。当然，后来的目标已不再是升学，我又有了新的目标，可昂扬向上的动力却是有增无减。如果没有高远的目标和持之以恒的动力，就不可能有今天的陶继新。

那么，也许有人会问，如此勤奋学习，是不是特别苦和累，是不是需要坚韧不拔的毅力呢？

开始的时候是需要毅力的，因为你一时很难取得骄人的成绩，甚至还会受到打击，这时如果想想开始制定目标时的初心，想想自己向往的大学生活，想想自己对美好未来的憧憬……一股力量就会油然而生，所以告诉自己"必须坚持再坚持"，这就是"初心"的力量。久而久之，这种坚持就成了习惯，到后来，随着学习的深入，在不断感受到知识、能力等方面的进步时，就升华成了一种审美的愉悦，即学习不再仅靠毅力，而是在享受无限的快乐。孔子说自己的学习状态是"发愤忘食，乐而忘忧，不知老之将至"，我亦如是。天天努力学习，天天徜徉于快乐的海洋里。对我而言，读书是快乐，讲学是快乐，采访是快乐，写作亦是快乐。

书中范先生曾引用了毛主席推荐小孟同志读《资治通鉴》时所说的一段话——小孟担心自己没有毅力坚持读完，毛主席说得好："你有个词用错了！不应该说是毅力，而是兴趣，如果是毅力你很难坚持。"妙哉斯言！我不是43年如一日地靠毅力学习，更多时候，尤其是近30年来，我一直沉浸在快快乐乐的学习之中。这些幸福感，为我的学习、工作提供了持续的动力。

应该承认，现在的学生远不同于当时的我们，大多数孩子没有了我们当年生活上的压力，当然也没有了我当时"要通过努力学习而考上大学，摆脱连续十年乡村苦苦劳作"的强烈愿望。引导学生树立什么样的目标、如何激发学生的学习动力，成了摆在我们教育工作者面前的难题。范先生提出的"学习力=动力−阻力"的学习动力系统理论，开辟了一条有效激发学生学习动力的新途径。同时，书中也提供了很多有效教育的"术"，如"未来预演""行为分析策略""行为发生策略""思维换框技术""亚感元调整技术"等等，既便于操作，又能收到立竿见影之效。

在本书中，范先生有很多自己的感悟，也与我有不谋而合之妙。

他欣赏老子说的"大道至简"，他在《后记》中说："大道至简，繁杂皆是小术。"此言绝妙之至。在很多人看来极其复杂的事情，我往往觉得异常简单。因为大道相通，当触摸到道的时候，其他术的问题也便迎刃而解。比如，善待他人、成人之美、巨大动力、积极心态等，都属于道的层次。有了这些道的支撑，其他问题都不再成为问题，所谓的繁杂，便很快变得异常简约。

范先生主张孔子"为己之学"的观点。因为一个有志之士，必须通过努力，让自己发展起来，那种一直在原地徘徊复徘徊者，是不可能体会到不断发展尤其是生命飞跃者的喜悦感受的。所以，我特别欣赏"发展才是硬道理"的哲言。如果我不一直行进在发展之道上，就不可能有今天的这种生命状态，也不可能实现人生的价值。正是持续不断地坚持为己之学，我才跃升到"己欲立而立人，己欲达而达人"的境界，对他人、对社会作出更多更大的贡献，并从中享受因价值提升而带来的无比幸福。

范先生还说："书本里的知识是属于大家的，而运用知识的逻辑是属于你自己的。知识只有用了才有力量。看懂了和能用了还有一段距离。能用了和融会贯通了还有一段较长的实践之路要走。"

是的，君不见，有多少所谓的专家学者，讲起来头头是道，可由于"行"之不远，到头来多是一事无成。即使融会贯通，如果不走进实践之中，也会如一片白云浮于天空之中，很快就被一阵清风吹得飘然而逝。范先生的过人之处，在于将知识化为自己的智慧，又将智慧根植于实践的沃土之中，在让自己的生命突围与腾飞的同时，也给更多的人带来发展的能量。

有了目标、动力和兴趣，如果缺少有效的方法，也未必能够取得辉煌的成就。而范先生的这本《方法对了，教育就简单了》，不但将目标、动力和兴趣奉献给了读者，还将各不相同的教师、家长和学生走向成功的具体方法和路径和盘托出。这当是他的一个极有价值的知识产权，可他无私地送给大家，实在令人感动和敬仰。

可见，范先生有一般人少有的智慧，也有令人景仰的高尚人格，二者得兼，让本书有了更加璀璨的精神光芒。

陶继新

2021年2月16日于济南

自序

NLP与教育整合，教师专业化发展的新途径

近几年，我经常应一些努力为提高教育教学的实效性而苦苦求索的校长的邀请，为他们做教师培训。在培训时，我通常会和老师们分享三个观点：

第一，"发展自己"是最好的敬业。当今时代，知识更新很快，学生获得知识的渠道也越来越广泛，教师在学生心目中也不再是知识权威，师生之间已不是一桶水和一碗水的关系，而是发生了根本变化。然而不论社会怎么发展，教师教书育人的角色不会改变，"爱岗敬业"永远是对教师职业的要求。因此，教师要与时俱进。单靠勤奋已经跟不上时代发展的脚步，只有发展自己，才能更好地帮助学生。

第二，教师的专业化水平越高，越能感受到教师职业的幸福。孟子曰："君子有三乐，而王天下不与存焉。父母俱存，兄弟无故，一乐也；仰不愧于天，俯不怍于人，二乐也；得天下英才而教育之，三乐也。""得天下英才而教育之"是一件很快乐的事。然

而近年来出现的一些教育事件却让很多教师心生畏惧，甚至让有些教师选择了"佛系"。如湖南沅江三中学生弑师案，洛阳栾川"20年后打老师"案，五莲二中老师惩罚学生事件……

有人说教师已经成了高危职业。在我看来，任何职业都存在着风险。比如开车，但人们并未因为开车有风险而放弃拿驾照。规避开车风险、享受开车带来的便捷的最好的方法，就是提高自己的驾驶技术。同样，规避教师职业的风险，享受"得天下英才而教育之"的快乐的最好的方法，就是提高自己的专业水平。当看到你的学生学有所成时，当你在学生最需要的时候给予帮助时，当你在教育教学中有所突破时……那种成就感和价值感会让你感受到做教师的职业幸福。

第三，教育技术的发展还有很大的空间。改革开放40多年了，各行各业都取得了长足的发展，然而就教育技术来说，并没有实质性的进步，反而学生的学业负担越来越重，厌学的孩子也越来越多。有人说，教育技术发展也是很快的，原来用黑板，现在用白板。我认为，这不是教育技术的进步，只是教育装备的进步。在培训时，为了说明这个观点，我通常会向老师们提出以下几个问题：

一个低年级的学生，生字写了三遍都没有记住，你会怎么办？

一个孩子迟到了，你最想问的一句话是什么？

如果孩子数学偏科，你会怎么办？

你班的两个孩子打架了，你怎么处理？

看到这些问题，想必你心里已经有了答案：

写三遍没记住就写五遍、写十遍……

你为什么迟到？

补课。

问清原因，对有错的一方进行批评教育。

试想四十年前，老师是不是这样处理？效果如何呢？

"写三遍没记住就写五遍、写十遍……"写十遍就记住了吗？有没有更好的方法？

"你为什么会迟到？"孩子随便编一个理由，老师是不是就哑口无言了？

"补课。"一定有效吗？现实是，有的有效，有的无效，无效的比有效的更多。

"问清原因，对有错的一方进行批评教育。"能搞清楚吗？即使是公安机关也有很多破不了的案件，何况是老师呢？

类似的问题，有没有更有效的处理办法？答案是"有"。NLP的方法和技术可以为解决这些问题提供更多的选择。

我自2004年开始学习NLP，并将NLP与我多年的教育教学实践相结合，在教育教学中做了一些深入的探索，总结出了一些方法和技术，如NLP偏科调整技术、NLP考试焦虑调整技术、NLP高效阅读策略，以及NLP学习动力系统理论等，可以有效地解决在教师的教以及学生的学中遇到的问题。

NLP博大精深，我学到的也只是这门学问的九牛之一毛，但这已经给我带来了深刻的变化。十几年的研究实践让我深深地感觉到：NLP应该成为每位老师的必修课，若将其与教育整合起来，定将为教育的发展注入强大的动力。

每次培训结束后，都会有老师提出要进一步学习NLP，希望我能为他们提供一些自学的书目，这让我很为难，市面上讲NLP的书很多，然而关于NLP与教育整合的书（在国内发行的）却一本也没有。于是，我产生了将这十几年的研究整理出来供老师们学习参考的想法。我的学习和研究水平还很有限，难免会有很多不足，我衷心地希望能以书会友，通过此书找到志同道合的人，一起研究和探索，为教育事业的发展贡献绵薄之力。

本书共三部分：第一部分是神奇的NLP，在介绍NLP的同时融入一些NLP的方法和技巧；第二部分教育工具箱，这是本书的核心，是指导和帮助学生的基础理论和工具；第三部分实践与分享，收录了我在腾冲四中的学生培训实录、"NLP家庭教育系列微课"中的部分内容、我和三位学员的辅导案例以及几位老师将NLP应用于教育教学中的做法和体会。为了便于大家学习参考，对内容中偶有重复部分，我没有过多梳理和删减，力求保持"原汁原味"，同时保证内容的完整性。

在本书的整理过程中，承蒙周再钊校长、杨晓华、董玉红、李钢、阿兰、耿志焕、王芳、朱丽梅、琳琳、常玲玲、贾新华、陈瑞珊、陈瑞琳、王春红、张健、李连青等老师的帮助和支持，在此一并致谢！

目 录

神奇的NLP

教育工具箱

方法对了，

教育 就简单了

实践与分享

方法对了，

✔

教育 就简单了

神奇的NLP

NLP（Neuro-Linguistic Programming）称为神经语言程式学，属心理学范畴，被誉为大脑的使用说明书。20世纪70年代，美国加州大学的理查·班德勒和约翰·格林德深入研究了催眠治疗大师米尔顿·艾瑞克森、家庭治疗大师维吉尼亚·萨提亚、完形治疗创始人弗瑞兹·皮尔斯、沟通大师格利葛利·贝特森四位顶尖心理治疗师与沟通大师的语言、行为及思维模式并对其进行分析和解码，由此发展出一套可操作的技术，即NLP。NLP已经被应用于诸多领域，并取得了显著成效。

一、优秀教师的困惑

我1988年大学毕业后，被分配到唐山市丰南区第一中学工作。1988年至1997年，我做了9年的班主任，期间带了四届高三。1993年、1996年、1997年所带毕业班的高考入段人数均在年级平行班中排名第一。由于工作业绩突出，1996年我被评为河北省优秀教师、丰南县首届十佳教师。

虽说在工作中取得了一些成绩，也获得了很多荣誉，但我心里很清楚，这些成绩的取得靠的就是勤奋的工作和严格的管理，"技术含量"很低。经常，当我面对一些厌学的学生，那些学习很努力但是成绩总是提高不上去的学生，还有严重考试焦虑的学生时，往往会有一种无力感，甚至因不能给这些学生以有效的帮助而产生负罪感。这种感觉让我不断地思考：作为一名教师，除了把课讲好，除了通过管理给学生们提供一个良好的学习环境之外，我还能做些什么？难道面对这些急需帮助的学生，只能任其自由发展吗？

1996年9月至1997年7月，我任高三9班的班主任，这是一个理科复课班，班里有个学生在应届时因为高考过度紧张而与理想大学失之交臂，自己不甘心，于是选择了复课，复课期间成绩一直很优秀，遗憾的是第二年的高考仍因压力过大而没能考出理想成绩。这个学生失望的表情一直在我的脑海里，挥之不去。

带着困惑，我开始学习、探索，先是看了很多的教育专著，如苏霍姆林斯基的《给教师的建议》、魏书生老师的《班主任工作漫谈》、李镇西老师的《爱心与教育》、朱永新老师的新教育系列图书……曾经有一段时间我见书就买、见书就读。随着互联网技术的发展和网络资源的不断丰富，我又研究了大量网上的资料，经常流连于K12中国中小学教育技术网、教育在线论坛等知名的教育平台。大量的阅读学习使我开阔了视野，提高了工作水平，然而面对学生在学习上遇到的困难，我仍是束手无策。

二、柳暗花明

　　2004年7月，送走了又一届的高三学生，我带着这些疑惑，继续在网上搜索有关缓解学习压力的材料，无意中看到了一本书，一本对我影响很大的书——《激发无限的潜力》。书的作者是美国著名激励大师安东尼·罗宾斯。书中提到，他学习了一门非常神奇的学问，使得他从一个原本穷困潦倒的小伙子，在几年时间内成为美国最著名的激励大师、亿万富豪、畅销书作者。安东尼·罗宾斯提到这门学问的种种神奇：他利用这门学问中的技术可以在半个小时内治愈他人的恐惧症；能在十几分钟内使人戒烟；他也曾辅导过许多著名运动员，使他们在比赛中取得最佳成绩；他在自己不会射击的情况下，指导美国海军新兵进行射击训练，一周后过关率大大提升……书中还提到，他运用这门技术创造了一套高效拼字策略，并将其传授给一位在特殊学校任教的女教师。这位女教师的教学对象是26名11—14岁的智障儿童，在平时的拼字测验中，很少有学生超过70分，大部分学生的分数在25—50分之间，在她运用安东尼·罗宾斯的拼字策略指导学生一周后，学生的拼字测验成绩满分的为19

神奇的NLP

5

人，最后三名是70分。

也许大家能够猜到，这门神奇的学问就是NLP。安东尼·罗宾斯的描述让我看到了希望：如果我学会了这门技术，或许就可以在短时间内使厌学的孩子喜欢上学习，使学习有障碍的学生消除障碍恢复正常……这让我非常兴奋，于是在责任心、好奇心的驱使下，我继续在网上搜集相关资料，并把当时能买到的涉及NLP的书都买来学习。（遗憾的是，当时在大陆听说过NLP的人很少，在这方面进行研究的人更少，能买到的书也寥寥无几）看了这些书还觉得不够，我又在网上找到几本台湾世茂出版社出版的NLP系列丛书的电子版进行研究。

入门之初，即使是自学，我仍能明显感觉到这门学问给予我的帮助，逐渐地，我发现自己做学生工作的方法变了，效果也更好了。但对于帮助学生解决学习问题仍然感到力不从心。终于，在2008年1月，我有幸参加了李正太老师在华东师范大学举办的教育咨询师培训，系统地学习了NLP的理论和技术。在培训中，李正太老师针对学生的学习动力激发、学习心态调整、高效学习等给出了一系列可操作的策略，从此开启了我研究、实践NLP与教育整合的求索精进之旅。

三、牛刀小试

　　2008年从上海参加培训回来后，我辅导的第一个学生是我同事的儿子，当时他正上初二，由于屡屡违纪被老师认为是"问题学生"，学习成绩也一塌糊涂。辅导时，他见到我的第一句话就是："叔叔，我们老师啥都跟我讲过，没用！"很显然，这个"久经沙场"的孩子有了很强的"免疫力"，这为我的辅导增加了难度。为了和他建立亲和感，我没有像其他老师那样给他讲道理，而是从他没有听过但又能激起他兴趣的地方切入。我从观察他的眼球转动入手，给他讲了NLP"观眼知心"技术（后面有详细讲解），果然，他放下了戒备，我们聊了起来。辅导前他对学习的兴趣为零，第一次辅导后对学习的兴趣变成了5，并确立了学习目标——大连理工大学。第二次重点做的是物理的学法指导，辅导后他对学习的兴趣由5变成了7。经过两次辅导，孩子的父亲对我说孩子变了，不仅开始学习，而且跟家长的互动模式也变了，以前动不动就发脾气，现在时不时地还和父母开开玩笑。一个月以后他父亲跟我说，孩子的物理成绩提高了，这次物理考了61分，全班共46名学生，超过60分的学生仅有10人。这次辅导给了我很大的信心，随着辅导技术的提高，找我辅导的学生越来越多，我在辅导中也创造了很多奇迹。

我曾通过两次辅导，成功地使我校高二的一名女生摆脱了怕声音的困扰：她最初是讨厌同桌上课呷嘴的声音，后来发展到怕课堂上的所有声音，甚至连自习课上同学翻书的声音都使她非常心烦（后面会讲到这个案例）。辅导后她心烦的症状消失了，在接下来的考试中考出了进入高二的最好成绩。我也曾通过一次辅导使唐山市丰润区车轴山中学的一名女生摆脱了压力，一年多的胃痛不药而愈，随后以积极心态投入到学习中，2014年高考成绩达到二本段（按老师们预测这个学生只能考专科）。我还曾通过一次辅导使我校一名女生一到考试就肚子痛（已经持续了5年）的症状完全消除，考试焦虑消失（详见《亚感元调整》中的案例一）……

右图是2016年我在山西晋中辅导一个高三学生时写的两个式子。学生的妈妈找到我时说孩子学习动力不足，对高考没有信心，数学偏

$$(x+3y+5\delta)^3 - (2x-3y)^2 =$$

$$\frac{3\sqrt{2}x + 95^2 + ax}{\ln x} \qquad 8 \perp 3$$

科。在辅导时这个学生说，她在做数学题时一遇到复杂的式子就心烦，不想算。这种现象在学生中是很普遍的，相信各位老师也有过类似的体验，如果这种负面情绪不消除，学生即使硬着头皮做也做不好。所以，我决定用NLP技术为她做些调整，我先在纸上写了图中上面的式子：$(x+3y+5z)^3-(2x-3y)^2=$。我问她是不是看到这样的式子就心烦，她看了以后说我写的太简单，于是她写了

$\dfrac{3\sqrt{2}x + \lg 5^2 + ax}{1_nx}$，即图中下面的式子，我问她看到这个式子心烦的程度从0—10是几，她说超过8，当时在纸上记录了"8上"字样。于是，我决定用亚感元调整技术帮她解决这个问题。我问她："如果让你打个比方，这种心烦像什么东西？"她告诉我："像一团乱麻。"我让她试着把"乱麻"理清楚，她告诉我说缠到一起了理不清。我让她想象着把它剪开，她说剪开了，看到一地线头。我告诉她可以用能想到的任何方法把线头再粘起来，她说粘好了，她看到了一条亮晶晶的线，还很有弹性。调整完毕，再让她看她写的那个式子，她说好多了，不舒服的程度变成了3，她觉得很神奇。随后，我又指导了她数学的学习方法，辅导结束后她说对数学感兴趣了，相信自己能学好。给我留下深刻印象的是，辅导完后这个学生坐在那儿不走，也不理我，时不时地自言自语："太好了！太好了！我怎么觉得这十几年都白学了？"然后对我说："老师，您能不能去太原，我们学校有很多同学需要您这样的辅导。"又说："我要报师范，我也要当老师，我要把您教给我的方法教给我的学生。"听了孩子的话我很感动，我觉得，教育界不缺我这样的校长，缺的是我这样的老师，这也是我辞去校长职务做教师培训的一个重要原因。

看到上面的种种神奇，一定有人会想："这是真的吗？你的每次辅导效果都这么好吗？"曾经也有朋友问过我这个问题，我通常会开玩笑地说："如果那样的话，我早就成神了。教师学习NLP的价值就在于，在对的时间、对的地点遇到对的人时，我们可以给他很大的帮助。有这些就值了！"

大量实践证明，NLP应该是每位老师的必修课，学习NLP不仅可以收获个人成长、专业水平的提升，还能提高职业幸福感。同时，会大幅提高教育教学效果，更有效地帮助学生。作为老师，一旦开始了NLP的学习，你的教育教学工作就会多一个维度，或许你会发现在教育上还有很大的提升空间。

随着对NLP的深入学习和实践，我发现NLP不论是在对学生进行心态调整、学习动力激发、偏科矫正、考试焦虑调整，还是在提高课堂教学效果等多方面，都有着广泛应用。**NLP给我们提供了很多简单实用的工具，为我们的教育教学开创了一片新天地。**

说了这么多，可能有些人会问，你说的这个神奇的NLP到底是怎样的一门学问？

NLP是神经语言程式学的简称，是研究大脑如何运作的学问，又被称为大脑的使用说明书。从20世纪70年代创立以来，至今已发展成几个流派，被广泛应用于多个领域。接下来结合我在教育教学中的应用与各位读者进行交流与分享。

四、N—Neuro（神经）

目前，大多数人用脑多处于自然水平，没有接受过专业指导，有些孩子幸运地"撞上"了好的学习方法，学习相对轻松，学习成绩也较好。而大多数孩子没那么幸运，不会科学用脑，致使学习效率低，学习成绩差，甚至影响到孩子的自信。因此，了解大脑工作原理，指导学生科学高效地使用大脑是很有必要的。

提到大脑的工作原理，我们还是从一个大家非常熟悉的词说起吧。

这个词就是回忆。什么是回忆呢？有人说就是想一想，那么什么是想一想呢？可能你会说："想一想是谁都会的事情，还用说？"我查过《现代汉语词典》，回忆即"回想"，再查"回想"即"想（过去的事）"。

接下来我们一起做个体验。

请你回忆昨天吃晚饭的情景，留心观察一下，在你回忆的时候，脑子里面是不是有画面？有食物的画面、有吃饭的场面。是不是有声音？外界环境的声音以及和别人谈话的声音。是不是还有感觉？饭菜的味道怎么样？有没有吃饱了的感觉？

通过体验，我们不难总结出，**回忆包含三个要素：画面、声音和感觉。**

了解了这些，对指导学习有什么作用呢？

学习离不开回忆：学习新知识需要回忆，做作业需要回忆，考试也需要回忆。因此，搞清楚什么是回忆，是很有意义的。

很多人有这样的体会：一件事情怎么想也想不起来，但当别人给了一些提示时，突然间所有细节都能回忆起来。因此，不是我们没记住，是缺少回忆线索。而画面、声音和感觉，就是我们的回忆线索。这样，我们在回忆时可以有意识地看一看自己脑子里有什么画面，有哪些声音，身体有什么感觉。

2017年9月，我在北京新学道介休书院工作期间，听过一节七年级的历史课。授课内容是"中国早期人类的代表——北京人"，课前老师准备了大量素材，做了PPT，课上学生表现也很积极。下课后，我叫住了后排的一个小男孩儿，问他这节课学到了什么，孩子想了想，摇了摇头，说想不起来了。这时，另一个小男孩儿凑了过来，我问了他同样的问题，他给我的回答也是想不起来了。我知

道不是孩子没有学到知识，只是他们缺乏回忆线索。接下来我说："你们把眼球上翻，看看脑子里有哪些画面？"这时一个孩子说："我看到了北京人的头像。"我继续问："你想到了什么？""北京人前额扁平，眉骨较粗，颧骨突出，鼻骨扁平，嘴部前伸，脑容量小。"这个孩子边说边用手比划。另一个也随声附和。我接着问："还有呢？"他们又说出其他的画面以及相关的

知识点。两个人你一言我一语，不一会儿就把这节课主要的知识点都说了出来，并且一脸兴奋。最后我问他们："这节课你们的收获大不大？""大！""你们觉得历史这门学科怎么样？""挺有意思的。"

受这次谈话的启发，我设计出了NLP版的思维导图。取一张白纸，在正中位置写上中心主题。随后在周围画若干个分支和中心词用短线相连，这些分支中写出回忆时大脑中出现的画面（或声音），每个分支里写一个，如"北京人"，然后写出与这个画面相关的知识点。老师可以在讲完课后留3—5分钟，让学生们画一画这样的思维导图，作为对课上知识的巩固。

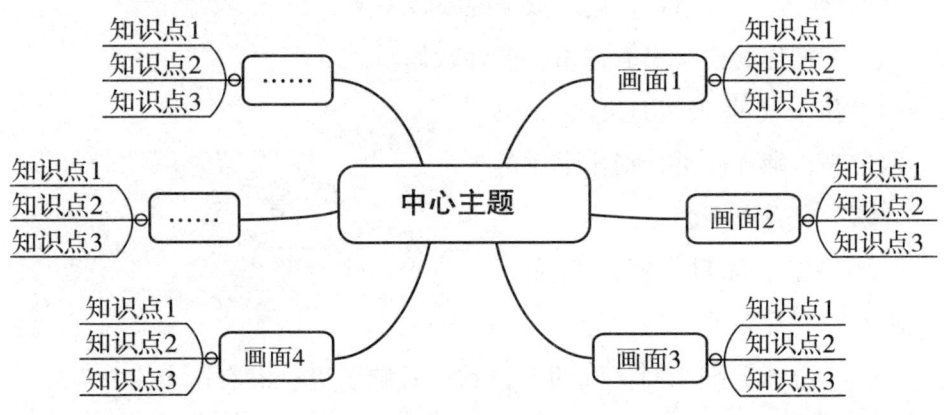

NLP版思维导图样式

类似下图这样的作业，大家非常熟悉。我们在教孩子写生字的时候，通常会用这种方式，觉得让孩子多写几遍就记住了。现实是，有些孩子即使写十遍八遍也未必能记住。我的一个学员曾经给我打电话说，他朋友的孩子拼音 f 写满

两页纸还没记住。有些家长或老师说孩子没记住是因为孩子"没走心"，问题是**你教孩子怎么走心了吗**？

2017年10月，我在太原市北京新学道实验小学时，有一个二年级的小男孩儿找到我，说他因为老师教的生字不会写很苦恼。我问他："以前你怎么写生字？"他告诉我："就是一遍一遍地写。"

"一般写几遍你能记住？""有时三遍，有时五遍，有时写十遍也记不住。"

"那老师教你一种方法，不用写十遍八遍，看一眼就能记住，你想学吗？""想！"这时孩子的眼睛亮了。

"把你的语文书取过来，老师教你。"

孩子高高兴兴地把语文书取过来，翻开一页，指出书中的"嬉"字，说不会写。

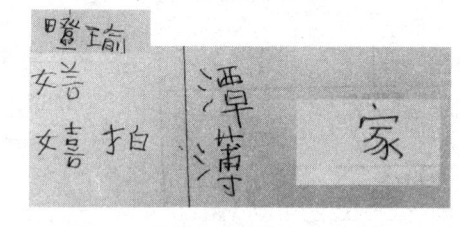

"好，你看一眼。看完了吗？""看完了。"

"眼球上翻（回忆画面），看一看脑子里有没有这个字？""有。"

"清楚吗？""清楚！"

"能不能写出来？""能！"孩子拿起笔就写了个女字旁，接着在右上方写了一个兰字，右下方写了一个口字。

"确定你写的是对的吗？""不确定。"

"那就再看一眼。""看完了。"

"会写了吗？""会了。"孩子拿起笔来就要写，我说："停，先不要写。老师教你一个更好的方法。"这时孩子满心期待。

"这个嬉字有没有你认识的部分？""有，左边的'女'我就认识。"

"这个'女'还用记吗？""不用了，老师，这两个'口'我也认识，上面的'士'我也认识。"

"好，现在会写了吗？""会了。"提笔就写出了"嬉"字，随后我们又练习了"拍、潭、薄、家"几个字，孩子掌握方法后非常兴奋。

此外，图片的左上角是孩子写的自己的名字，孩子按我教的方法写出来的字比他原来写的字工整了很多。为什么会这样呢？原因很简单，因为孩子看到脑子里的字是工整的。

当我们了解了大脑的工作原理，原来很多看似复杂的问题就变得简单起来了。我曾用调整大脑中的画面的方法，辅导一名患有恐高症的老师，辅导后她在原来想起来就发怵的室外楼梯上下了6次（后面有详细辅导过程）；用不到15分钟的时间帮助一个被"演讲恐惧症"困扰了20年的老师消除恐惧，勇敢地在众人面前侃侃而谈。

五、L—Linguistic（语言）

语言是一个人思维的外显，同时也是引导对方思维的工具。比如，学生迟到了，很多老师会问："你为什么迟到？"这时学生想的是迟到的理由。如果你问："怎么做可以保证明天准时到教室？"学生想的则是保证明天准时到教室的方法。前一种找理由，后一种找方法。

教师的工作离不开沟通，语言是沟通的主要工具，它决定着沟通的效果。NLP中有很多实用的语言技巧，比如"后设模式""米尔顿模式""上推、下切、平行"等，在本书不作重点介绍，大家可以查阅其他资料。语言技巧是每个老师的必修课，下面举几个沟通的例子。

"虽然""但是""同时"是大家都熟悉的几个连词，请仔细体会听了这几句话之后的感受：

"这个杯子很精致，但是有点儿贵。"

"这个杯子很精致，虽然有点儿贵。"

"这个杯子很精致，同时有点儿贵。"

如果你是售货员，当顾客说出这几句话时，你判断一下，哪种情况顾客会买这个杯子。

很显然是第二种情况。

当我们用上述连词把想法或体验连接起来时，这些词会引领我们体验不同的方面。**"但是"强调的是后面的部分，"虽然"强调的是前面的部分，"同时"是两部分被同等强调。**

遗憾的是很少有人会关注到这一点。很多人习惯用"但是"作为连词。"这次你语文考得很好，但是要继续努力。"想一想，你这样的"鼓励"，学生潜意识里接收到的是什么？当听到"这次你考得很好"时会高兴些，再听到"但是要继续努力"时，是不是会觉得你的目的是让他更努力？这样，他的积极体验是不是会减少？强化学习者的积极体验比指出其不足更重要！

在《现代汉语词典》里，对"但是"的解释是"用在后半句里表示语义转折"。很显然，"但是"有一种排斥力量，是一种否定状态，"但是"很容易让人觉得你在否定别人，衬托自己。一个人说话如果经常用"但是"，很容易影响他的人际关系。当然，了解了这些，我们就可以巧妙地利用这个特点，为学生鼓劲加油。曾经有一个学生写道："老师，我现在很想学习，但是基础太差无从下手，跟不上老师讲课的节奏……"老师在辅导时把这句话改为："老师，我现在很想学习，虽然基础太差无从下手……"看了这句话，学生感受到了力量。

"同时"意味着既表达了自己的观点，又认可对方。"这次你考得很好，同时要继续努力。"比"这次你考得很好，但是要继续努力。"更容易让人接受。

适当的语言技巧可以引导对方的思考方向。著名认知心理学专家乔治·莱考夫说过："控制语言就是控制思想。"

在太原市北京新学道实验小学工作时，有一个四年级的小女孩儿来到我办公室，笑嘻嘻地对我说："校长，老师表扬我了。"我问她："你做了什么，老师表扬你了？"孩子仰起头说："我就不告诉你！"这是一件挺有意思的事。于是我运用了NLP的"先跟后带"和"就像框架"，对孩子说："我知道你不告诉我，如果你告诉我的话，会告诉我什么呢？"孩子想了想说："我的书写有进步了。"我接着问："还有呢？"她又将小脸一扬说："我就不告诉你。"我继续对她说："我知道你不告诉我，如果你告诉我，会告诉我什么呢？""我乘法口诀有进步了。"

语言也是消除学生限制性信念的重要工具。我曾经辅导过一个英语严重偏科的七年级学生，在辅导时他对我说："老师，我学不好英语。"当一个学生认为自己学不好英语时，他会有什么样的行为呢？上课不听讲、下课不做作业，有时迫于老师的压力做作业也往往是应付了事。这样的学习当然没有效率了，成绩自然也会越来越差。成绩差又为他"我学不好英语"的限制性信念提供了支撑，如此恶性循环。在这种情况下，即使补再多的课也无济于事。为了打破他的限制性信念，我让他把"我学不好英语"这句话写到纸上，接下来我要求他把这句话改写为"到目前为止，我还没学好英语"，写完后让他体会两句话有什么不同。他告诉我，第一句话意味着我永远也学不好英语，第二句话说的是以前我没有学好英语，以后我可以学好英语。紧接着我问他："那么，怎么做你可以学好英语呢？"他说："我的语法掌握得不好，如果我多看看语法书会有帮助。"随后我又对他进行了学习方法指导，回去后他就买来语法书开始自学。很显然，**"到目前为止"可以引导学生绕过限制性**

信念继续思考。接受辅导后一个月左右，他妈妈发来微信说孩子在六年级升学时英语只考了 57分，通过辅导这次考试得了88分，年级排名由原来的108提升到了第48名。

六、P—Programming（程式）

机器人依靠程序自动运行，同样，人的大脑中也有很多类似程序的东西，我们称之为程式，就是NLP中的P。我们的大脑在这种程式的控制下自动运行。

请你想一想：每天下班回家，打开房门，第一件事是干什么？换拖鞋！那么，你是先换左脚，先换右脚，还是根本不用思考就很自然地把拖鞋换好了呢？相信你的答案是后者，这就是我们经常说的习惯。习惯是我们的自发行为，一旦某个行为成为习惯，这个行为就不再需要意识参与，它在大脑中程式的控制下自动发生，从心理学角度来看，形成习惯是大脑"偷懒"的一种方式，一个行为经过不断地重复，大脑就会把它存储到潜意识中形成对应的程式。

程式深度影响着我们的行为，它无处不在。设想这样一个情景：你上小学三年级的孩子拿着考了30分的数学试卷给你看，你会怎么样？有人说，看到试卷我的火儿"腾"的一下就冒出来了，恨不得……而事后又会很后悔。这个"腾"说明产生这种情绪和行为的时间极短，这就是大脑中的程式在起作用，是没有意识参与的潜意识行为。大脑和电脑有相似的运作原理：信息输入—自动运行程序—输出，只是电脑输出的是数据，大脑输出的是情绪和行为，而且这个过程很快就会完成，很难被意识感知。

著名NLP导师黄启团老师曾经讲过这样一个情景，我觉得用来说明什么是P非常适合：父子俩在大街上散步，突然从对面驶过来一辆豪华法拉利，儿子看到了："哇……"一脸羡慕。父亲也看到了，也发出了一种声音："呸！……"一脸厌恶。父子俩见到的是同样一辆车，但反应却是截然不同。那么，是不是父子俩在家里做过排练呢？吃完早饭后，父亲把儿子叫到身边，对儿子说，过一会儿我们去街上散步，会遇到一辆豪华法拉利，看到后你就"哇……"，我就"呸……"。很显然不会有这样的排练，这两个人的反应都是自动产生的，这就是大脑中的程式。儿子大脑中的程式是开放的和欣赏的，所以会很羡慕对方，同时不自主地发出"哇……"的声音。而父亲大脑中的程式是封闭的，是嫉妒甚至是憎恨的，所以会不自主地发出"呸……"的声音。由此，我们不难发现，对同一事物，大脑中的程式不同，每个人作出的反应也不同。

请你想一想，在你的身边是不是有这样一种人，他们总是在抱怨，老天对他不公，领导对他不好，同事瞧不起他，老婆对不住他，孩子不愿理他，甚至家里的狗都讨厌他。在你的身边是不是还有另外一种人，积极阳光，充满了正能量，你和他接触时总能感受到支持和鼓励。在NLP中，前一种人叫黑洞，后一种人被称作发光体。其实，黑洞或发光体并不是由人的性格决定的，而是在他们的大脑中运行着不同的程式。如果人们认识到程式的存在，**改变程式（升级大脑软件）**，**黑洞也能成为发光体**。我有过这样一段经历，当时我是学校的政教处主任，要经常和那些调皮、违纪的学生打交道。在一段时间内，我看到的都是学生的缺点。逐渐地，我练就了一双"慧眼"，不论是学生还是同事甚至是家人，我一眼就能看出他们身上的"毛病"。同时，在这段时间里，我的工作生活压力很大，自己很不快乐。从NLP角度分析，这是在我的大脑里形成了一个程式，这个程式让我习惯性地关注别人的不足，我当时的状态就是黑洞。后来，当我察觉到是看人的角度让我不快乐时，就有意识地调整，强制自己看别人的优点和长处。这样坚持了一段时间后，我大脑中的程式改变了，看谁都顺眼了，工作和生活中的压力减小了，自己也快乐起来了。在一次听魏书生老师的演讲时，他的一句话点醒了我："**看别人是天使，你就生活在天堂里。看别人是魔鬼，你就生活在地狱里。**"这就是两种不同的程式。当启动看别人是天使、习惯性地看别人的优点和长处的模式时，你得到的是开心快乐和良好的人际关系。当启动看别人是魔鬼、习惯性地看别人的缺点和不足的模式时，你得到的就是痛苦和压力以及糟糕的人际关系。改变程式，就改变了自己的心情。

觉察到自己的情绪受程式的支配是很重要的，觉察就意味着可以改变，意味着我们有更多的选择。

再举一个例子，如果让你做一道选择题：A.落井下石 B.雪中送炭。A、B中让你选一个，你会选择什么？

相信大家都会选择"B.雪中送炭"，而不屑做落井下石的事。真的是这样吗？我们回头再看前面的例子。你上小学三年级的孩子拿着考了30分的数学试卷给你看，你会有什么反应？估计大多数人会发火，会批评指责孩子。因为在他大脑中启动了一个程式：看到30分的试卷，大脑自动浮现一系列画面和自己的内心对白："孩子没认真听讲、没有好好完成作业，太贪玩儿，学习不认真、太丢人了……"看着这些画面、听着这些声音，瞬间产生一种愤怒的感觉，于是火儿就上来了，这个程式的运行，几乎不需要时间。好的，我们换个角度想一想，如果你是那个考了30分的孩子，当你要把试卷拿给家长看的时候，是什么样的心情？战战兢兢、如履薄冰，你希望得到家长的理解、支持、帮助……这种状态是不是相当于掉到井里了？那么，你看到30分试卷时，火儿"腾"的一下就冒出来了，继而指责、批评甚至打骂孩子，这时你是不是在落井下石呢？

了解了大脑受程式支配，我们就可以主动升级大脑的程式。比如，当孩子拿着30分的试卷给你看时，如果你能理解孩子这时的心情，想到孩子也希望自己能考好，孩子是在学习中遇到了困难，需要家长的理解和帮助……你会怎么做呢？会不会想办法帮助孩子？这才是真正意义上的"雪中送炭"。

心想事成通常被用作祝福语，在NLP里，心想事成是中性的，即**"心想好事好事成，心想坏事坏事成"**。据调查，有考试焦虑的学生占有很高的比例。有的学生焦虑状况比较严重，临近考试，吃不下饭，睡不好觉，学不进去，甚至会出现一些身体上的不适。辅导时我发现，考试焦虑与大脑启动的程式有关，有考试焦虑的学生往往会在考前问自己一个问题："万一我考不好该怎么办？"继而会想到如果考不好老师会怎么看我，同学会怎么看我，我如何跟父母交代，这次考不好，中考（或高考）也一定考不好。同时他脑中会出现考试失败时的情景，父母和老师责怪的情景，同学瞧不起的眼神……这些都会让他非常焦虑。带着这样的心情去参加考试，结果可想而知。了解了这些，要解决考试焦虑的问题就变得很简单了——改变程式。所以，我在辅导时常常让学生想这样一个问题：

如果考好了，你可以得到什么？可以得到老师和家长的表扬，同学的羡慕……然后让他想象出家长、老师满意的表情，听到他们表扬的声音，看到同学羡慕的眼神。这时学生不仅不会焦虑，甚至会期待考试的来临。这么做就是在学生大脑中输入了一个新的程式：考好了——父母满意、老师满意、同学羡慕——正面情绪。带着这种积极情绪去准备考试，他也一定能心想事成。我用这种方法为很多有考试焦虑的学生做辅导，效果非常明显。右图是2015年距离高考还有20天的时候，我辅导一个学生的记录，她说一考数学就紧张，我帮助她改变了程式，消除了紧张情绪，高考时数学成绩比辅导前提高了43分。这就是程式的力量。

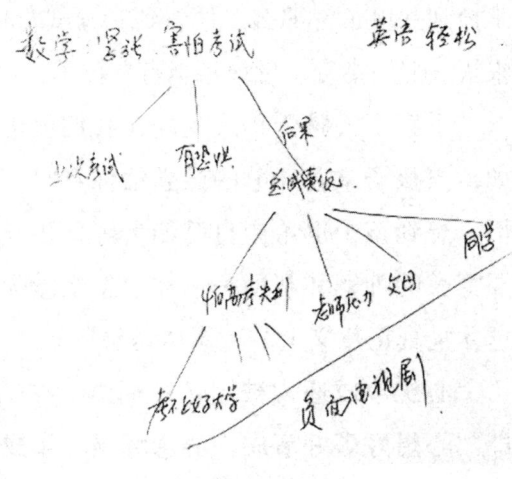

　　作为老师，我是幸运的！自2004年开始接触NLP至今十几年过去了，我虽没能像安东尼·罗宾斯那样在半小时内帮别人戒烟，更没有成为亿万富豪，但是，我的收获还是非常令人欣慰的：2014年我结合自身的教育教学经验，自主开发了"NLP智慧家长""NLP学习指导师""NLP中学生超级学习力"等课程，帮助成千上万的家庭和学生走出了困境，并在全国十几个省市培训教师数千人，既为教师指出了一条专业成长之路，也让NLP技术惠及了更多的学子。

方法对了，教育就简单了

教育工具箱

NLP工具箱为我们了解学生的行为、与学生进行有效沟通、帮助学生解决学习中的困难提供了一系列实用工具：有激发学生学习动力的"学习动力系统理论""逻辑层次理论""行为发生策略"，有帮助我们了解学生行为的"行为分析策略"，有帮助学生建立积极学习心态的"成长型思维""思维换框""亚感元调整技术"，有有效帮助学生解决学习困难的"高效学习指导策略"。

一、大脑工作原理

现在，不论什么商品在出售时都会附带着使用说明。遗憾的是，陪伴我们一辈子、直接影响我们一生幸福的大脑却没有使用说明，致使大多数人不会主动利用大脑。特别是学生，由于不懂得如何运用大脑，导致在学习时走了很多弯路，虽然花费了大量的时间和精力，但是并未取得预想的效果。被称作大脑的使用说明书的NLP在一定程度上填补了这项空白。

眼见未必为实

让我们先来做一些体验：

请对你目前所处的环境进行观察，找到所有红颜色的东西。

好的，现在请你停下来，将看到的所有红色的东西在大脑中呈现出来。

是不是看到（想象到）了红色物体的画面？

接下来，不要再重新观察，想一想你所处的环境中有哪些绿色的东西？

怎么样？是不是想不起来或者能够想起来的东西很少？

请你闭上眼睛，静静地听一听在你所处的环境中都有哪些声音？在我提示你之前，是不是有很多声音被你忽略掉了？

接下来，请你认真体会一下坐在椅子上屁股的感觉，闻一闻空气的味道，这些感觉和味道是不是也被我们删减掉了？

请你快速读一读右图中的文字：

你有没有读成："研究表明，汉字的顺序并不一定能影响阅读，比如当你看完这句话后，才发现这里的字全都是乱的。"是不是我们把看到的信息扭曲了？

上面图片中是什么？我想你的答案一定会是"汽车"，是的，但很显然这是三种不同类型的汽车，在你的大脑中却把它们归为一大类——汽车。

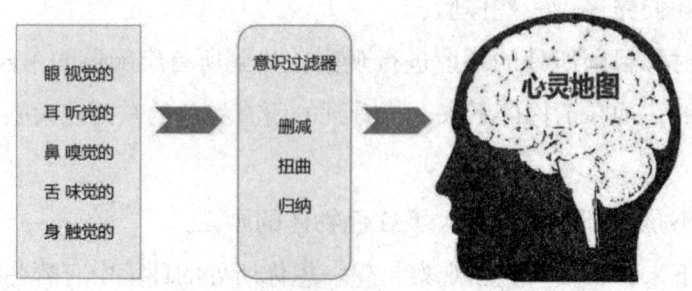

人的心灵地图形成示意图

NLP认为，人脑通过视觉（V）、听觉（A）和感觉（K）（包括味觉和嗅觉）接收外界信息。但是，并非所有信息都能原封不动地进入我们的意识。大脑的意识过滤器要对这些信息进行删减、扭曲和归纳整理。关于这一点大家已经体验到了，经过意识过滤器处理后的信息以内视觉、内听觉和内感觉的形式存储在大脑中，形成每个人的心灵地图（心灵地图是我们意识到的部分）。每个人的意识过滤器不同，所以面对相同的外界信息，不同的人会形成不同的心灵地图。比如，当一个女人怀孕时，她会突然发现街上的孕妇多了起来；当你要买某个品牌的汽车时，你会在街上频繁看到这个品牌的汽车，这就是大脑意识过滤器带来的变化。

讲一个大家都熟悉的成语小故事——疑邻盗斧。

人有忘斧者，疑其邻之子。视其行步，窃斧也；颜色，窃斧也；言语，窃斧也；动作态度，无为而不窃斧也。

俄而，掘其谷而得其斧。他日复见其邻人之子，动作态度，无似窃斧者。

故事说的是从前有个乡下人丢了一把斧子，他以为是邻居家的儿子偷去了，于是看那个人的一言一行，一举一动，越看越觉得像是盗斧的贼（意识过滤器的作用）。

不久，他（丢斧子的人）在翻动谷堆时发现了斧子，第二天又见到邻居家的儿子，就觉得他言行举止没有一处像是偷斧子的人了（意识过滤器改变了）。

之所以出现这种现象，是大脑对外界信息删减、扭曲、归纳的结果。NLP有一条重要假设——**每个人都有自己的心灵地图**，讲的就是这个道理。

了解了大脑的工作原理，想一想人们经常说"眼见为实"，你觉得眼见的还是"实"的吗？

外界信息进入大脑要经过删减、扭曲、归纳。当人们要通过语言把自己的心灵地图表述出来时，还需要再次经过删减、扭曲、归纳。所以，可以毫不夸张地说，人们表达出来的信息与开始接收到的信息相比早已是"面目全非"了。遗憾的是，几乎所有的人都认为自己表述的就是"真的"。

NLP认为每个人都有自己的心灵地图，而通常我们都会认为"所有人都有相同的心灵地图"。因此，当别人没按我们的意愿行动时我们会不理解，继而会产生生气、愤怒、鄙视等负面情绪。比如，当学生没按老师上课讲的去完成作业的时候，老师会生气，认为学生没认真听讲。再比如，有些人会经常抱怨别人不懂他。如果我们知道了"每个人都有自己的心灵地图"，我们就更能理解别人的行为，就会允许别人和我们不一样。我们也就会尽量通过沟通了解对方的心灵地图。当然，作为一个老师，也就不会总是一味地强调我讲明白了，而是去关注学生们是否听明白了，这样必然会提高教学效果。

一次，我去听一个物理老师的课，当时这个老师讲的是"力的平行四边形法则"。在讲"力的合成"的时候，老师在黑板上画了两个分力，如右

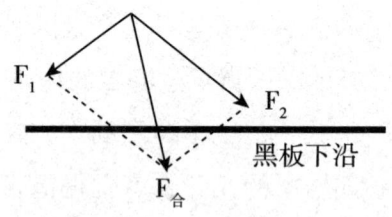

图，画得有点靠下，如果再画平行四边形的对角线就得画到黑板下面的墙上。老师发现后看着这个图笑了，坐在我前面的一个学生也看着老师笑了。我问他笑什么？他说老师画不下了。我问他怎么就画不下了，他说："合力竖直向下，黑板放不下了。"而实际情

况是，合力应该是平行四边形的对角线，是斜向下的。如果我不问这个学生，或许我会认为这个学生的思考是正确的——合力沿对角线方向斜向下。而我问了这个问题后，才发现这个学生的思考是错的——合力竖直向下。

因为知道了每个人都有自己的心灵地图，所以，我在教学中会有意识地通过提问去精确学生的心灵地图。"一说电场，你脑子里出现什么？""一说函数，你脑子里出现什么？"这样在教学中才能有的放矢。

厌学是怎么回事？

厌学，不是孩子厌恶学习，而是厌恶学习时的感受。

前面我们提到，回忆包含三个要素，画面、声音和感觉。当我们回忆某些事情的时候，这些画面、声音会重新出现在大脑里，而当时的感觉也会伴随这些画面、声音一并回忆出来。同样，在学生回忆所学知识的时候，学知识的感觉也会浮现出来，这是做老师的要特别注意的。

我曾经在网上看到过一个视频，一个小女孩儿被父母逼着背乘法口诀，孩子在背"三五一十五"的时候因为总是记不住显得很痛苦，然而父母完全不顾孩子的感受，强迫孩子一遍又一遍地背，孩子就在这种无奈、愤怒交织的痛苦情绪下勉强背对了口诀。试想，这样做的结果会是什么？在以后孩子上学遇到乘法口诀的时候，曾经被逼着背诵乘法口诀的痛苦感受就会浮现出来，孩子很可能会因此厌恶数学，导致数学偏科。

教育工具箱

右图是我辅导一个高一学生时的记录，他是化学偏科。他很喜欢数学，喜欢数学的程度从0—10，他给出了9分，而化学勉强给了0.5分，并说一

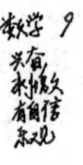

数学 9
兴奋
永恒久
有自信
乐观

化学: 0.5 369
恶心
头疼
做不下去
没信心

提到化学就感觉恶心、头痛、做不下去、没信心。而提到他喜欢的数学时感觉兴奋、刺激、有自信、乐观。由此不难推断，他学数学的效率要远远高于学化学的效率。当我用NLP技术帮助他消除了这些负面情绪后，他变得喜欢化学了，喜欢程度也变成了9。可见，他不是厌恶这个学科，而是厌恶学习这个学科时的感受。

学生对学科的感受是在长期的学习中累积起来的。因此，要想让孩子爱上学习，就要创造一个轻松愉悦的学习氛围。可是，很少有老师或家长意识到这一点，为了让孩子完成"学习任务"，更习惯于批评、指责甚至打骂。

网上流传着很多关于家长辅导孩子写作业的段子。"不写作业母慈子孝，一写作业鸡飞狗跳……"我认为，正是这种"鸡飞狗跳"式的辅导作业，让厌学孩子越来越多。如果家长辅导孩子写作业的时候，不断地批评、指责甚至打骂孩子，孩子学习时的那种负面感觉也会和知识一起打包储存在大脑中。当他回忆所学知识时，学知识时的感觉也一并回忆出来，这些痛苦累积起来，孩子就很可能"一想起学习就难受"，逐渐地厌学了。关于这一点，家长是很容易体验到的，因为**辅导孩子时的痛苦感觉，也同样和"辅导孩子"一起打包存储到家长的大脑中，这是很多家长患上了"恐辅症"的原因。**

这些负面情绪甚至会在知识已经忘记的情况下仍然存在，并且

会成为学习中的强大阻力（在NLP学习动力系统理论部分会有专门论述）。正如有些成年人，在校学的知识都忘了，但那种痛苦感觉依然存在，甚至有些人一辈子也不愿意再碰任何书本，不愿意学习新知识。

是"聪明""不聪明"吗？

人脑通过视觉、听觉和感觉（包括味觉和嗅觉）来接收外界信息，通过内视觉、内听觉、内感觉来加工和处理信息。对不同的人来说，受环境、接受的训练（如绘画、钢琴、舞蹈）等因素的影响，形成了不同的处理信息的习惯。有些人习惯用视觉来加工处理信息，这类人和别人交流时会习惯性地向上翻眼球，我们称之为视觉偏好，又叫作视觉型的人；有些人习惯用听觉来加工和处理信息，我们称之为听觉偏好，又叫作听觉型的人；有些人习惯通过感觉来加工和处理信息，我们称之为感觉型的人。

NLP把学习模式分为三种类型：视觉型、听觉型和感觉型。

通常视觉型的人学得快、效率高，听觉型次之，平时我们看到的反应相对慢的那些学生往往是感觉型的。所以，NLP不关注一个人是否聪明，而关注其学习类型。

我们来做个体验：

右图是高中化学课本上的一幅插图，想一想，如果你要记住这幅图需要多长时间？对，几乎不需要时间。

看着脑子里的这幅图，回答以下几个问题：

1. Na是固体还是液体？

2. 是什么颜色的？

3. 质地是硬的还是软的？

你是否体会到了，利用视觉记得更快？

接下来我们再看这样一段文字：它亮闪闪，冰凉凉，虽然不大，但是分量不轻，大约和我的手差不多长。它的一头又长又细，像我手的中指那么宽，然后越来越窄，细的部分大约比我的中指长1/3，逐渐过渡，伸到另一端，成了一个陷下去的圆圈。在这个圆圈里，我看见自己的脸是倒着的。

读完这段文字，感觉怎么样？是不是不太舒服？因为你很难通过这段文字在大脑中形成画面。如果我告诉你这段文字描述的是一把吃饭用的勺子，看着脑子里出现的这把勺子，再读这段文字，感觉是不是好多了？

是不是体验到了当我们脑子里出现图片时，阅读的感觉、记忆的效果都更好？

大量实践证明，在学习中利用视觉学习效率最高，因而视觉型的学生学得相对轻松效果还好。

需要特别说明的是，虽然有些学生是感觉型的，但是他大脑的视觉系统未必不发达，只是他不习惯用视觉而已，**如果老师或家长引导学生，学习时有意识地在脑子里形成画面，利用视觉处理信息，你就会发现，原本反应慢的孩子反应变得快了起来，成绩也会逐渐提高上来。**

那么，怎么判断视觉型、听觉型和感觉型呢？

视觉型的人语速快、走路身体略微前倾，说话时手势比较多、动作幅度大，思考问题时会习惯性地眼球上翻。

听觉型的人语速适中，头会习惯性地侧向两旁，眼睛习惯平左平右地移动。

感觉型的人语速慢，动作也较慢，眼睛习惯向下看。

NLP有一项重要技术——读心术，又被称作观眼知心，也就是通过眼球的转动来判断对方是在用视觉还是用听觉或者用感觉处理信息。

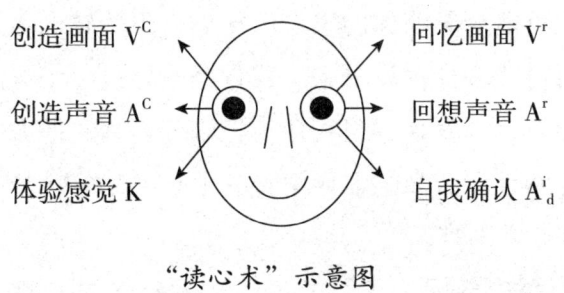

创造画面 V^c　　　　　　　　　　回忆画面 V^r

创造声音 A^c　　　　　　　　　　回想声音 A^r

体验感觉 K　　　　　　　　　　自我确认 A^i_d

"读心术"示意图

上图中是一张正面的脸，NLP研究表明，对习惯使用右手的人来说，右边代表未来，左边代表过去。所以，眼球向左表示回忆，眼球向右表示创造，习惯使用左手的人相反。人的眼球向上转表示在看大脑中的画面，眼球平转在处理声音，身体的大部分在眼睛下面，眼球向下转表示关注感觉。以习惯使用右手的人为例，具体来说，当眼球向左上方向转时是回忆画面，眼球向右上方向转时是创造画面，眼球平转向左是回想声音，眼球平转向右是创造声音，眼球向左下方向转是自我确认（内心对话），眼球向右下方向转是在体验某种感觉。通常情况有上述规律，在辅导时我也发现了一些特殊情况，这需要在实践中去体会。

了解了这些，我们就可以判断一个人思考时在利用哪个通道处理信息。当然，让学生回忆画面的时候教师也可以有意识地提醒他眼球上翻，看看脑子里的画面。

有些人在眼球转到某个位置时会感到不舒服，你可以提醒他体验一下，先把眼球转到左上角停留5秒，再转到右上角停留5秒，然后分别转向右下、左下，体会当眼球在哪个位置时不舒服。找出以后，就可以有意识地多练练，直到感觉和其他位置一样舒服为止。为什么要做这样的训练呢？眼球的转动往往是无意识的，如果你的眼球转到某一位置时觉得不舒服，你就会下意识地不向那个方向转，这样可能会影响你的思考。比如，眼球转向右上不舒服，这样的人很有可能较少关注未来。我曾经辅导过一个有网瘾的大二学生，在辅导时我就发现，当我让他把眼球转到右上方向时他会迅速拉回来。果然，在后面的辅导中，让他想象20年后自己的样子的时候，他感到非常困难。

　　通过上面的分析，我们了解到学习分三种类型：视觉型、听觉型和感觉型，视觉型处理信息比较快，感觉型相对慢。通常我们说的那些聪明人往往是习惯用视觉处理信息的人，反应相对慢的人往往是感觉型的人。在辅导时，如果我们有意识地引导感觉型的学生用视觉处理信息，他的反应也会变快。根据学习内容，视觉、听觉、感觉结合起来，就可以提高学习效率。

个人历史可以改变吗？

　　人通过视觉、听觉和感觉接收和处理信息，很多人的用脑是被动的，大脑中存储的画面、声音、感觉都是自然形成的。学了NLP后你会发现，大脑有对画面进行加工的功能，甚至说可以任意加工，我们所说的"想象"，就是在主动对头脑中的"画面、声音"进行加工。我们了解这些，就能做到"我的情绪我做主了"。

如何做到这一点呢？

我们需要先了解"画面、声音和感觉"之间的牵连关系。

视觉产生感觉。人们旅游时，看到秀丽的风景会有心旷神怡的感觉，看到崇山峻岭会感叹大自然的神奇，看到自己不喜欢的人会不舒服……这就是画面产生感觉。而这里讲的画面可能是实际看到的画面，也可能是我们大脑想象出来的画面。

听觉产生感觉。人们听阿炳的《二泉映月》会有一种悲凉的感觉，听民乐《喜洋洋》会有心情舒畅、欢快的感觉，听到别人的赞美会有一种自信舒服的感觉。这些都是声音产生感觉。

同样，感觉也可以勾起你的某段回忆，回忆中有画面有声音。

视觉、听觉和感觉是相互关联的。

当我们改变头脑中的画面、声音时，感觉也会随之发生变化。

想想你爱吃的红烧肉，刚出锅的，冒着热气，看看大脑中画面的颜色，看着这个画面，是不是很有食欲？接下来，不改变画面的内容，把画面调暗，甚至变成黑白图片，看着调成黑白的红烧肉的画面，想吃的欲望还那么强烈吗？在这里，我告诉大家一个秘密，如果你不按我的引导进行想象，你就不知道我在讲什么。

你是否留意过，街面上的蛋糕店大多数会选择橙黄色灯光，因为这样的灯光会带给你一种家的温暖感觉。尝试着把蛋糕店的灯光变成刺眼的白色，你的感觉会有什么变化？

画面的内容没有改变，改变的只有亮度和色彩，人看后的感觉就发生了很大的变化。这些就是NLP中的亚感元。

NLP把视觉、听觉和感觉称为表象系统，把画面、声音和感觉叫作感元。同时，不论是视觉、听觉还是感觉都还有一些更细微的特质，这些特质被称作亚感元。

比如，画面有亮度、清晰度、色彩，有立体的、平面的、静止的、运动的，有有边框或者没边框的，声音有大小、节奏、韵律、音调和音色等，感觉可能来自身体的某个部位或整个身体，有强度、硬软、温度等，这些都是亚感元。

亚感元影响着一个人的感觉。比如，想一想你非常喜欢的食物，看看脑子里的画面，注意一下它的亮度、清晰程度、色彩是否鲜艳、画面的大小以及离你的远近，尝试着给自己想吃的程度打个分。10分是非常想吃，0分是没有食欲，你喜欢吃的程度是几？自己记下来。接下来请你想象一种你不爱吃的食物，看看脑子里的画面，注意一下它的亮度、清晰程度、色彩是否鲜艳、画面的大小以及离你的远近，尝试着给自己想吃的程度打个分。10分是非常想吃，0分是没有食欲，你喜欢吃的程度是几？自己记下来。比较这两种食物画面的亚感元的不同，填入下表。

食物画面亚感元的比较

亚感元	喜欢	不喜欢
亮度		
清晰程度		
色彩		
画面大小		
远近		
其他		

是不是有差别？你觉得哪一项差别最大？差别最大的项叫作关键亚感元。

接下来我们再做一个体验。请将你喜欢吃的食物的视觉亚感元参照不喜欢的食物的亚感元做一下调整，通常喜欢吃的食物画面比较亮，我们尝试着把它变暗，喜欢吃的食物画面离你比较近，尝试着把它推远，体验感觉会发生什么变化？

同样，我们可以比较一下"很有动力的事情"和"缺乏动力的事情"的亚感元的差别，尝试着改变亚感元，同时体验自己的感受会有什么变化？

电影导演是应用亚感元的高手，他们通常会利用灯光、音乐等制造出特定的氛围，使观众产生相应的感觉。

既然可以自主地调整大脑中的图像和声音，那么，我们就可以通过调整图像和声音，让自己得到需要的感觉。

比如，你讨厌某个人，当你想到这个人的时候，觉察脑子里的画面是不是大的、亮的、清晰的、离你比较近、画面的位置和你等高甚至比你还要高？精确了这些亚感元之后，我们可以想象把他推远些，然后你把手伸出来，放在他的头上向下拍，边拍边想象着对方在变小。这时候你的感觉怎么样？不舒服的程度是不是降低了很多？

我曾经用亚感元调整技术在短短的十几分钟内，帮助过一个患有"演讲恐惧症"的老师摆脱了烦恼。这个老师是参加我举办的"NLP智慧家长"班时，在听了我的课后觉得课程很有价值，她特别希望将课程内容讲给学生听，讲给学生家长听。但是一想到要在大家面前演讲就非常恐惧。这种演讲恐惧已经困扰她20多年了。在帮她用亚感元调整时，我问她："一提到当众演讲，你脑子里有什么画面？"她告诉我说："眼前黑乎乎的，什么也看不清，就是感觉很恐惧。"我提醒她："你可以对大脑中的图像进行任意加工，尝试着把画面变亮。"她试了试说："老师，我变不亮。"我调整电脑屏幕的亮度，让她有了直观印象后继续帮她调整。她告诉我："可以调亮了。"我继续问她："调亮以后，你看到了什么？""看到了很多人，模模糊糊的，他们在听我演讲。""把观众的位置调低些，看到他们在向你微笑。"这时她又遇到了困难，说看不清观众的脸。恰好现场有几个学员在帮我打扫教室卫生，我让他们停下来，坐好，面带微笑地看着这个老师。随后我让这个老师看着大家的表情，看清楚后闭眼，在大脑中出现大家微笑的画面，同时体会自己的感觉。她告诉我看着这个画面很舒服，没有恐惧。我又引导她重复几次，强化了这个画面和感觉，并嘱咐她第二天开课前要在大家面前演讲。她高兴地答应了。第二天演讲前，我让她先闭上眼睛，脑中出现大家向她微笑的画面，体会那种舒适的感觉，随后开始演讲。讲了几句后她跟我说："范老师，我还想讲。"我说："可以，继续讲。"大家为她鼓掌加油，她又讲了几分钟，讲完后兴奋地回到座位上，和她共同来学习的爱人拥抱在一起。

当我们有意识地对大脑中的画面、声音、感觉进行加工，对亚感元做调整时，就可以得到我们需要的感受。NLP由此也发展出很多技术，让短时间内消除恐惧症成为可能。

看到这些，想一想，自己记忆里有多少是"真实"的呢？当我们主动地改变储存在大脑中的画面、声音时，是不是就改变了个人历史？

让未来成为现在的资源

前面我们提到，人可以对大脑中的画面、声音进行任意加工。

此外，大脑还有一个特点，即无论是我们经历过的"真实"的事情，还是想象出来的没有发生过的事情，都会以画面、声音的形式呈现出来。看着这些画面，听着这些声音，我们都能产生某种感觉。

因此，我们可以根据大脑的这一特点，让未来成为当下的资源。NLP把这项技术称为未来预演。

李同学，高二男生，高二第一学期期中考试物理考了32分。他的父母带他来找我辅导，一见面他就说："老师，我学不好物理。"我先让他把这句话写了下来，随后让他把这句话改写为：到目前为止，我还没学好物理。并让他体会两句话的不同。念完第二句后他告诉我："我以前没有学好物理，以后可以学好物理。"我接着问他："如果你已经学好了物理，你能得到什么？""我父母会高兴，姥姥姥爷会高兴，我们物理老师会高兴，我也会很骄傲。"

"看着你父母高兴的表情、听着他们对你说的话，你有什么感觉？"

"我感觉很有力量。"

"看着你姥姥姥爷因为你物理考好后高兴的表情，听着他们赞美的话语，你有什么感觉？"

"我感觉很自信。"

"看着你的物理老师因为你物理考好而高兴的表情，听着对你肯定的话语，你有什么感觉？"

"我很自豪。"

"现在感觉怎么样？""很好。"

"要不要在物理上努力？""要。"

随后我又指导了他学习方法，期末考试他物理考了70多分，超过了班级平均分。

辅导时他的物理成绩只有32分，我用NLP未来预演技术让他想象物理成绩提高后的情景，使他感受到了一份力量，这就是利用未来的资源。

提到未来预演其实大家并不陌生，我们说的目标、憧憬、愿景，就属于未来预演。有人很形象地把未来预演技术比作白日梦。的确，我们大脑会经常做这种白日梦，比如，在事情没有发生时我们对事情过程和结果的预测就是白日梦。只不过有的人习惯于做噩梦，用噩梦来吓唬自己，有的人习惯做美梦，让美梦带给自己力量。

每个人都有做梦的权利，并且每个人都有做美梦的权利，我们无法控制夜晚做噩梦，但我们可以选择在白天做美梦！

大家非常熟悉一句话，**"不忘初心，方得始终"**。从NLP角度怎么理解这句话呢？

请你想一想，当你特别有动力做一件事的时候，动力从何而来？是不是在大脑中看到了实现目标时的画面，听到了目标得以实现时的声音？看着这些画面、听着这些声音，是不是有某种让你非常愉悦的感觉？而且这种感觉越强烈，你的动力就越足。人们认为目标可以带给人动力，其实带给人动力的是实现目标时的感觉。

谈到这里，可能有些朋友已经清楚，"不忘初心"中的初心是什么了。这个初心，**就是实现目标时看到的画面、听到的声音、体会到的感觉**。这个初心，能带给我们动力，不忘初心，就是让这个初心带给我们持续的动力。

NLP版的"不忘初心，方得始终"，就是利用了未来预演技术，巧妙地用未来的资源让当下的自己更有力量。

以上我只是从实用角度出发，由几个侧面简单地向大家介绍了大脑的工作原理，如果您想深入了解大脑是如何运作的，可以参考有关NLP的其他书籍或脑科学的研究成果。

二、NLP学习动力系统理论

学习动力是影响学生学习活动的重要因素，通常人们会认为，如果学生有了学习动力，就会努力学习，成绩也会不断攀升。因此，为了激发学生的学习动力，老师们使出浑身解数：或给出各种诱惑，或不断地施加压力……正所谓"软硬兼施""威逼利诱"。然而，让老师无奈的是，有些学生就是软硬不吃，仍然表现为学习动力不足，甚至越来越差。

这是一位家长发来的求助短信："范老师，您好！冒昧打扰您了。周五听了您的课受益匪浅。我是一名六年级学生的家长，有个问题让我很苦恼：我家孩子学习一直都很优秀，可是进入六年级后，不知是青春期的问题，还是我们的教育方式的问题，孩子最近的学习状态不好，成绩下滑。我们打也打了，骂也骂了，软的也用了，该说的也说了，可是她对于学习就是不上心、作业能拖就拖，制订的学习计划一减再减，感觉她就是能不写就不写。跟她谈心，她也表示愿意学、想学，但干什么都是三分钟热度，坚持不了两天，真是愁死我了。想听听您的意见，我该怎么办？感谢！"从中我们不难看出，家长虽然对孩子恩威并施，但是孩子就是动不起来。

为什么会出现这种情况呢？难道是老师或者家长做错了什么吗？

合力 = 动力 - 阻力

物理学中有一个重要的规律：改变物体运动状态的是物体所受的合力，而合力 = 动力 - 阻力。也就是说，要改变物体的运动状态，需要考虑的是合力，而非仅仅是动力。同样，我在指导学生时也发现了类似的规律：在动力激发上，我们不仅要增加孩子的学习动力，还要帮助孩子消除学习上的阻力，这样的辅导才更有效。

动力在哪里？

魏书生老师曾经说过，学生的学习动力主要来源于三个方面：**一是目标，二是兴趣，三是毅力**。其中目标和兴趣属于前驱力，拉着学生往前走，毅力是后驱力，推着学生向前进。

一是目标。目标即行为带给当事人预期的价值，它为行为带来原动力。

几乎所有的学生对学习都有一份期待——希望自己获得好成绩，这种期待也可以看成是学生的学习目标，只是这个目标还不算太清晰，目标的力量也就很难完全发挥出来。

为了让目标更清晰、更有力量，在引导学生制定目标时，我们可以从以下几个方面入手：

1. 正面描述，使得目标更清晰。也就是说，确定的目标是"要"什么，而不是"不要"什么。比如，有的学生将自己的学习目标定为进入年级前100名，这就是正面描述。而不能说，我的目标是不能成为一个差生。为什么要强调是正面描述呢？因为大脑对否定性的词语不敏感。比如，"你千万不要想一只粉红色的大象"，怎么样？在你脑中是不是出现了一只粉红色的大象？由于大脑对否定性的词语不敏感，当把目标定为"我不能成为一个差生"的时候，他大脑中出现的是自己成为一个差生的情景。

2. 未来预演，让目标更有吸引力。前面曾经提到，真正带给人动力的不是目标本身，而是实现目标后的感觉。所以，确定目标后，我们要引导学生进行未来预演：

如果目标实现了，你将看到什么？听到什么？看着你大脑中的画面，听着声音，你会有什么感觉？

当你的目标得以实现时，家长会怎么看你？他们是什么表情？会说什么话？看着他们的表情，听着他们说的话，你有什么感觉？

当你的目标得以实现时，老师怎么看你？他们是什么表情？会说什么话？看着他们的表情，听着他们的话语，你有什么感觉？

同学们会怎么看你？他们是什么表情？会说什么话？看着他们的表情，听着他们说的话，你有什么感觉？

适当将这种预想的画面变亮、放大、拉近，你的感觉会有什么变化？（实现目标后的感觉更有力量）

李同学，高二男生，数学偏科，自述学数学时紧张、消极、不自信，高二第一学期期末考试数学考了70分（满分150分）。辅导时我问他希望数学能考多少分？他说95分。接下来我问他："如果你的数学达到95分，你会把这个好消息告诉谁？"他说："告诉爸爸妈妈。"

"当你爸爸妈妈听到这个好消息时，会怎么样？""他们会很高兴。"

"看着他们高兴的表情，听着他们肯定的话语，你有什么感觉？""我也很高兴。"

"还会把这个消息告诉谁？""告诉我的数学老师。"

"你的数学老师看到你数学进步这么大，会怎么样？""他会有些惊讶。"

"看着你们老师惊讶的表情，你会怎么样？""我会很有成就感。"

"如果你数学考了95分，你的同学会怎么样？""同学也会感到意外，他们会羡慕我。"

"看着他们羡慕的表情，你有什么感觉？""我特别骄傲。"

"现在你感觉怎么样？""很好！"

"那么，你觉得今后在数学上下些功夫，值不值？""值，我会努力的！"

3. 重新定义实现目标后的身份，引导更高层次的精神使命（参考后面逻辑层次部分）。实现目标以后，你在班里是什么样的学生？这时，你可以帮助班里做些什么？你可以帮助同学做些什么？你在家长眼里是什么样的孩子？你的身份有什么变化？新的身份带给你什么感觉？

（接上例）"当你的数学考到95分以后，你的总成绩会提高多少？""年级排名提高200多个名次。"

"总名次提高200多名后，你觉得在班里的身份有没有变化？""有，我是好学生了。"

"这时，你可以为班级、为同学做点什么事？""我可以帮助我周围数学成绩不好的同学。"

"当你帮到这些同学的时候，你有什么感觉？""有一种成就感和价值感。"

"高兴不高兴？""高兴！"

这时，孩子的能量更足了！

4. 找出实现目标所需要的方法和资源。继续引导学生梳理自己拥有哪些资源？如何利用这些资源？除此之外还需要哪些资源？

（接上例）"要实现你的目标，你有哪些可以利用的资源？""有老师，有成绩好的同学，还有家长，他们可以帮助我。"

"你还需要哪些帮助？""我需要学习方法的指导。"

……

经过以上四个步骤的引导，目标就会对学生更有吸引力，执行时也更有力量。

从更广义的角度来看，目标并非简单的考多少名，考什么样的学校，目标也有两个方向（可参照后面的行为发生策略），追求快乐和逃避痛苦。有的学生会为了追求快乐而努力，比如有的学生会为了得到老师的表扬、奖励而努力，有的学生是为了逃避痛苦，会为了避免老师或家长的批评而努力，所以就有了老师和家长的"软硬兼施"。

二是兴趣。兴趣是人认识某种事物或从事某种活动的心理倾向，它是以认识和探索外界事物的需要为基础的，是推动人认识事物、探索真理的重要动机。

爱因斯坦曾说过，兴趣是最好的老师。一个人一旦对某个事物产生了浓厚的兴趣，就会主动去求知、去探索、去实践，并在求知、探索、实践中产生愉快的情绪体验。

需要强调的是，**兴趣不是与生俱来的，行为过程中的美好体验是产生兴趣的基础**。因此，**兴趣是在行动中产生的**。比如，有些孩子喜欢玩某个游戏，这种喜欢最初并不是源于兴趣，或许是由于好奇，或许是为了融入某个群体，或许是从别人的言谈话语中听到玩游戏是多么地有趣……于是开始尝试着玩这个游戏，在玩的过程中他体会到了游戏的惊险刺激，体会到了"进步"产生的成就感，此时，所谓的"兴趣"也就产生了。这就是说，兴趣是在做的过程中产生出来的。

有一部分学生会以对学习或者某些学科没有兴趣为由拒绝尝试。没有兴趣，成为学生进一步尝试的心理障碍。

基于以上对兴趣产生过程的分析，我们在引导学生时可以换一个角度来看待兴趣——兴趣是产生愉悦感、成就感和价值感，从而让自己更自信的心理体验。尝试才能产生兴趣，有了兴趣就会很自然地全身心投入，愉悦感也油然而生，从此一发而不可收。没有兴趣，就等于放弃了一次获得愉悦感的机会，机会放弃得越多，兴趣就会越少，慢慢地什么兴趣也没有了，因而也就没有了让自己产生愉悦和自信的源泉和行动的动力。如果孩子们接受了"**兴趣是产生愉悦感、成就感和价值感进而让自己更自信的机会**"这一假设，就会消除因没有兴趣而拒绝尝试的心理障碍了。

要让学生对学习有兴趣，就需要让学生在学习过程中有愉悦的情绪体验，这种愉悦的情绪体验来自过程带给学生的成长感和结果带给学生的成就感。

三是毅力。毅力也叫意志力，是人们为达到预定的目标而自觉克服困难、努力实现的一种意志品质。**毅力是当一个人面对困难甚**

至是即将放弃时使人继续坚持的力量。

需要注意的是，毅力只能在短时间内起作用，如果学生在学习上长时间靠毅力支撑是很难坚持到底的。

2003年我辅导过一个学生，高一入学时成绩很好，到高二的时候成绩不断下滑，自己很苦恼。当我问她在学习动力系统中目标、兴趣、毅力各占百分之多少时，她告诉我，目标占30%、兴趣为0、毅力占70%。从这个比例不难看出，她的学习主要是靠毅力的支撑，她会觉得学习很痛苦，这样的努力不会很持久。果然，半个学期后这个学生退学了，我也为当时没有能力帮助她而感到遗憾。

大家都知道毛主席酷爱读书，仅《资治通鉴》就读过17遍。有一次和身边的小孟同志交流读书时，主席建议小孟多读读《资治通鉴》。小孟说："我试试看，但是我怕没有那份毅力去读完它。"主席说："你有个词用错了！不应该说是毅力，而是兴趣，如果是毅力，你很难坚持。"

很多人对毅力的认识存在着误区，过分夸大了毅力的作用。学生成绩不好，老师或家长通常会认为孩子缺乏毅力。在辅导时，当家长说孩子缺乏毅力的时候，我通常会问："你的孩子在玩游戏或在看喜欢的书的时候，有没有过废寝忘食呢？"回答往往是肯定的。这就说明所谓的"缺乏毅力"这种说法是片面的。毅力是一个综合性的问题，与一个人的目标、兴趣、责任感（使命感）、信念等因素都有关。因此，我们不要随意给孩子贴上一个"缺乏毅力"的负面标签。

虽说毅力由多方面因素构成，但毅力也是可以培养的。

培养毅力可以从三个方面入手：一是利用积极信念培养毅力，如用"天将降大任于是人也，必先苦其心志，劳其筋骨，饿其体

方法对了，教育就简单了

肤……""梅花香自苦寒来""不经历风雨怎能见彩虹"等信念，激励学生克服困难继续前进。二是利用榜样的力量，可以给学生讲一些依靠毅力创造奇迹的故事，引导学生读一些名人传记，并在学生遇到困难时鼓励他勇敢地克服困难。三是利用学习和生活中的困难和挫折，磨炼学生的意志，培养学生的毅力。

阻力有哪些？

经过大量的辅导实践，我认为学习阻力主要包括以下四个方面：负面情绪、限制性信念、低效的学习方法和薄弱的基础。

一是负面情绪。右图是学法咨询师项恩炜老师提供的一个五年级的数学偏科学生的画：数学对我就像一只从地yù里出来的恶魔。它会用各种复杂的公式来"迷惑"我。它让我害

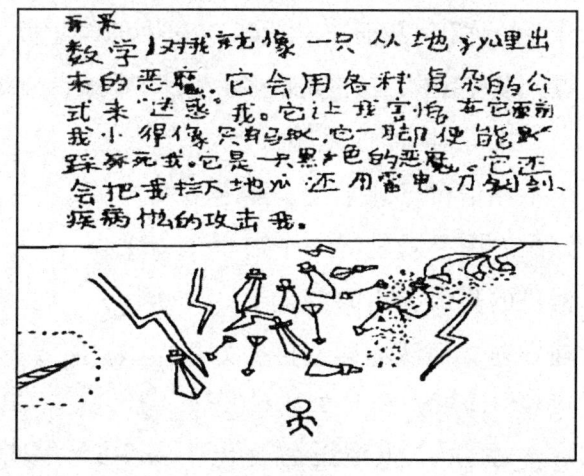

怕。在它面前，我小得像只蚂蚁，它一脚便能踩死我。它是一只黑色的恶魔。它还会把我拉下地yù，还用雷电、刀剑、疾病什么的攻击我。

看了这些文字和配图，我非常震撼，孩子对数学竟然恐惧到这种程度！孩子学数学就好像是在和恶魔亲密接触，这种负面情绪不消除，何谈学习效果？

我在辅导中经常会遇到类似的学生，一提学习（或某科的学习）他们就感觉不舒服，有的甚至出现躯体症状：有头痛的，有胃痛的，有一到考试就发烧的。在做偏科辅导时，为了能让学生认识到心态对学习的影响，我常常会引导他们写出学习最喜欢的学科和学习偏科的学科时的感受，然后进行比对。如第32页提到的高一学生偏科的案例，这个学生化学严重偏科，数学很好。我让他分别写出学数学和化学时的感受，他写道：对喜欢的数学，兴奋、刺激、有自信、乐观；对不喜欢的化学，恶心、头痛、做不下去、没信心。很显然，他学数学的效率是高的，同时他也愿意在数学上多投入时间。恶心、头痛这种负面情绪，使他不愿学化学，上课的效率、作业的效果可想而知。因此，在不处理学生负面情绪的情况下给学生补课，很难有效，这也是很多学生补了很多课成绩没有提高的重要原因。

二是限制性信念。学生不相信自己能学会、能学好。右图是我辅导一个数学偏科的高二男生时的记录，辅导前，他认为即使再努力也学不好数学，学数学会有失落感，数学对他来说就是不可跨越（克服）的

困难……正是他"不相信自己能学好数学"的限制性信念，使他不愿在数学学习上下功夫。我认为：**所谓害怕困难，是在不相信自己能做到的情况下，不愿白费功夫而已，这是"明智"的选择。**在我利用NLP技术打破了他的限制性信念，使他相信自己能够学好数学后，他感觉学好数学"颇有希望，学数学有一种满足感，遇到困难

可以解决……"

三是低效的学习方法。低效的学习方法不仅让学生学起来事倍功半，还会给学生带来负面感受、影响学习信念。所以，优化学习方法让学习更有效，是调整偏科的关键所在。

我辅导过一个高二女生，她的数学成绩始终不理想，高中数学满分是150分，她的数学成绩经常是70来分，数学老师说她没有学习数学的天赋。辅导中，我发现她仅仅是凭短时的记忆和简单的模仿在学数学，真正的理解根本就没有发生。在我为她进行了针对性的学习方法指导后，她感觉轻松多了。在随后的一次考试中，数学考了91分，期中考试数学考了120分，考出了她进入高二以来的最好成绩。

日期	2014.10.23	2014.11.27	2014.12.26	2015.2.6	2015.4.2	2015.4.11	2015.5.14
成绩	61/ 349	70/ 310	68/ 337	79/ 335	辅导	91/ 197	120/ 120

注：成绩一项中，斜线前面的数字是考试分数，后面的数字是年级名次。

四是薄弱的基础。因为基础差，影响着后面的学习，也影响着孩子对学科的学习感受和信心。关于这一点大家都很熟悉，我在这里不再赘述。

以上四个方面是影响学生学习动力的主要因素，我把它们称作学习的阻力。大量实践证明，**当我们帮助学生把阻力消除后，他自己就"跑"起来了。**

我为一个太原的高三学生做远程辅导时，他提出了四个问题：

1. 理科综合考试如何分配时间？

2. 英语完型、7选5怎么提高？

3. 物理传送带问题怎么解决？

4.学习不主动、总想玩、三分钟热度……怎么解决?

由第四点不难看出这个孩子"学习动力不足",在我通过辅导帮助他消除了阻力(负面情绪、限制性信念),并为他进行了学习方法指导后,他放下手机去了学校。五个多月后,他妈妈反馈说:"孩子状态很好,而且学习成绩每次都有进步。"

补课有效吗?

传统的矫正偏科的方法就是补课,补课的重点是补知识。

根据NLP学习动力系统理论,补课时如果老师不能帮学生消除负面情绪、打破限制性信念、进行学习方法指导,而仅仅补知识、补基础,这样的补课是很难奏效的,甚至有些孩子会越补越差。有的家长花了数万元的补课费,而孩子成绩却越来越差,其主要原因也在于此。

合力 = 动力 - 阻力,增大动力同时消除阻力,会让学生奔跑在成长的快车道上。

NLP中有很多调整负面情绪的技术,如亚感元调整、换框法、空间隐喻调整法等。也有很多转换限制性信念的方法,如四步脱困法、砍桌腿法、未来预演法等。我们借助这些实用工具,能有效地帮助学生消除学习阻力。

三、NLP逻辑层次理论

NLP有一个非常实用的了解个人心智模式的工具——逻辑层次理论。逻辑层次理论是 NLP大师罗伯特·迪尔茨根据人类学家格里高利·贝特森提出的学习与变革的逻辑层次整理出来的。逻辑层次被称为NLP发展史上最具影响力的理论之一。

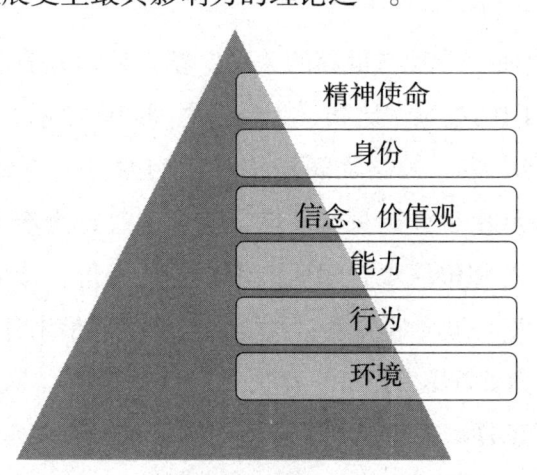

逻辑层次理论

逻辑层次理论认为，在任何系统中，人的生活——包括系统本身的活动，都可以通过六个不同层次进行描述和理解，这六个层次

教育工具箱

分别是：精神使命、身份、信念和价值观、能力、行为和环境。

1. 环境——何时？何地？环境是指除自身以外的人、事、物、时、景等外在条件。

2. 行为——做什么？行为指的是我们在环境中的活动。比如，走路、喝水、学习等。

3. 能力——如何做？能力指的是我能做什么？我有什么能力？比如，阅读能力、写作能力、沟通能力……

4. 信念、价值观——能不能做？为什么做？信念是指我们用于判断人、事、物的标准或准则。比如，我能够学好语文。

价值观指的是什么是重要的，什么是有价值的。比如，学好语文对我有什么意义？

5. 身份——我是谁？身份指的是"在当下我是谁"。比如，上课时我坐在教室里，当下我是一名学生。在班里我是一名优秀的学生。

6. 精神使命——我与世界的关系？精神使命是我与世界（人、事、物等）之间的关系。比如，为中华之崛起而读书。

在逻辑层次中，各层之间是相互影响的，从下到上是成长的逻辑层次。人从出生开始只有环境，然后通过行为产生能力，继而形成自己的信念和价值观，随后产生相应的身份，最后形成精神使命，开始思考我与世界的关系，我能为这个世界带来什么？

"近朱者赤，近墨者黑""孟母三迁"讲的是环境对上层的影响。择校热现象，正是家长意识到了环境对孩子成长有着重要的影响。

从上到下，我们可以称之为改变的逻辑层次，因为层次越高，力量越强，在寻求改变时，只针对行为可能很难发生改变，而从更高层次入手力量更大。

身份影响行为

例一：当你认为自己是一个讲文明的人的时候，就不会随地吐痰。

例二：我曾经辅导过一个高三学生，刚进入高中时成绩很好，但是由于性子比较慢，做事通常比其他同学慢半拍，因此经常挨老师的批评。到高二时，他认为自己是一个"坏学生"（身份）。从此以后，他的行为也发生了相应的变化：将自己的头发留长了，平时故意和老师对着干，上课不再认真听讲，成绩自然一落千丈。由此可见，"身份"对一个人的"行为"影响之深！

同时，很多家长或老师在孩子犯错误的时候，会习惯性地给孩子贴上负面的身份标签。比如，你是一个缺乏毅力的孩子，你是一个不认真的孩子……这些"身份"都会影响孩子的行为，"我是缺乏毅力的孩子，所以我坚持不下去是应该的"。

很多低层次的问题可以通过高层次的改变而改变。

"我现在需要你的帮助，如果你是一个乐于助人的人（身份）。"这句话就巧妙地给对方一个身份——你是一个乐于助人的人，更容易激发他帮助别人的行为。

我曾在网上看到这样一个故事：一个妈妈送儿子去上学，路上遇到一个乞丐。这个妈妈远远地指着乞丐对孩子说："你要好好学习，否则将来会像这个乞丐一样，只能在路边乞讨。"还有一个妈妈，也是在送儿子上学的途中遇到了这个乞丐。孩子妈妈对儿子说："儿子，你在学校要好好读书，将来成为一个对社会有用的人，让这些人也能找到一份稳定的工作，不用再沿街乞讨。"很显然，第二个妈妈更有智慧，她在教育孩子的时候给了孩子一个身份——对社会有用的人，同时孩子有了自己的精神使命——让这些乞丐有工作。

　　一个乞丐站在地铁出口乞讨，身边放着杯子和铅笔。一个商人匆匆而过，向乞丐杯子里投入几枚硬币。过了一会儿，这个商人返回，取了乞丐身边的一支铅笔，对乞丐说："对不起，我忘了拿铅笔，因为你和我都是商人（身份）。"然后匆匆离去。几年后这个商人参加高级酒会时，一个衣冠楚楚的男士向他致谢，并自我介绍："可能您已经忘记我了，但我永远忘不了您，您就是那个重新给我了自尊和自信的人。以前我一直觉得我就是一个乞丐，直到您告诉我，我也是一个商人为止。"

上下求索

　　遇到问题，如果只在同层次或低层次来寻找方法，效果往往不尽如人意，或者消耗精力过大。

　　比如，令家长和老师头疼的孩子玩手机的问题。玩手机是一种行为，为了改变这种行为，有的家长从最下面一个层次也就是环境入手解决问题：没收手机、断网等，效果怎么样呢？你没收了，孩子可以再买一个；买不起就借同学的，甚至做出违法行为。有的孩子还会因此和家长发生激烈的冲突，导致一些恶性事件。

　　再比如，为了不让孩子输在起跑线上，家长们为孩子找最好的学校，找最好的班级和老师（环境），让孩子加班加点，多做练习（行为），而这些都仅是在低层次上下功夫，其效果往往不够理想。

　　理解了逻辑层次各层级之间的关系，在解决问题时就可以有意识地向上层、向下层寻找更好的解决途径。

比如，前面提到的孩子玩手机的问题，孩子"玩手机"的行为是受他的信念、价值观、身份等因素影响的。对有些学生来说，由于家长"控制"得比较严格，生活圈子狭小，在他的生活中只有两件事——学习和玩手机，当他在学习上得不到认可或在学习上遇到了困难感觉自己不能克服的时候，很容易放弃学习转而玩手机，所以玩手机的行为是受他的信念和价值观影响的。如果老师或家长能够帮助孩子树立起"我能学好"的积极信念，通过学习方法指导培养他的学习能力，让他在学习中能够体会到成就感，同时扩大他的生活圈和思想圈，当他认为生活中还有比玩手机更重要、更有意义的事情时，他的行为也会发生变化。

当孩子有负面信念时，我们可以把信念层面的问题下切到行为层面或能力层面甚至环境层面，这样他的压力就会减小。比如，孩子说："我学不好数学。"沟通时我们就可以说："在这次数学考试中，你有三道（若干道）题没做对。"这样，我们就将他的注意力从信念层面（我学不好数学）引导到能力层面或者行为层面，他的压力减小了，同时也知道当下应该做什么了（重新做错了的题）。

应该警惕的是，在日常教育活动中，有些老师、家长在孩子犯错误时为了能让自己语言的力量更强，习惯性地向上推（推到更高层次），这样做对孩子的伤害就更大，极易引起他们的反感。

比如，见到孩子作业潦草（行为）。

"你学习就是不认真。"（信念）

"你就是一个得过且过的人。"（身份）

逻辑层次是一个很好的逻辑分析工具，合理地运用它可以让我

教育工具箱

们很清晰地看到人们在各种活动中的逻辑结构，也能让我们明白学生的困扰所在，因而更容易帮助孩子找出解决问题的方法。

比如，孩子作业拖拉，这是一种行为。通常，家长看到孩子作业拖拉，就强逼他要快写、要求他在规定的时间写完，如果孩子做不到，就说教、批评甚至打骂。这样做效果甚微，孩子依旧拖拉。

根据NLP逻辑层次理论，行为（作业拖拉属于行为）层面出现问题我们还可以从其他五个层面想办法。向下看是环境，环境是否适合孩子写作业？有没有干扰孩子写作业的因素？如手机、零食、电视等，家长是否习惯在孩子完成作业后还要给他增加一些其他学习任务？……我们还可以向上看看，是不是孩子的学习能力有问题？作业难度是不是太大？孩子是否有能力完成作业？完成作业的过程中会遇到哪些困难？怎么去解决？从信念层面看，孩子是否相信自己能够写对写好？从价值观角度看，按时完成作业对他来说有什么好处？不按时完成作业有什么好处？从身份角度来看，我是谁？我是一个写作业很认真的孩子，还是一个拖拉的孩子？如果家长或老师能从不同层面去看待孩子的行为，或许对孩子的行为会有更深入的认识和理解，也许就能找出相应的解决办法。

四、行为发生策略

由NLP逻辑层次理论可知,影响一个人行为的因素很多,综合这些因素,我总结出了一套行为发生策略。

价值是行为的原动力

价值是行为的原动力。所谓价值,就是发生这种行为给当事者带来的好处。人们经常会问:"让我这么做有什么好处?""我为什么要做这些?"这些问题都是在寻找行为的价值。

人们通常只做对自己有价值的事情。NLP假设"**任何行为背后都有积极动机**"中的积极动机就是指行为的价值。

看似相同的行为,对于不同的人来说在意的价值可能不同。比如学习,有的学生可能在意的是老师的奖励,为了得到奖励而努力学习;有的学生可能在意的是同学的羡慕,为了同学的羡慕而努力学习;有的学生是为了父母而学;有的学生为了提升自我而学。

当然,一个行为可能带给当事者多种价值,价值越大,动力就越强。

弗洛伊德认为，人的行为要么是为了追求快乐，要么是为了逃避痛苦。追求快乐和逃避痛苦就是行为的价值。

因此，有的学生努力学习是为了避免受到家长的批评和打骂，有的学生努力学习是为了避免别人瞧不起自己……这些都是为了逃避痛苦。而在学习上，父母的打骂和老师的批评会给孩子带来动力，我们称父母或老师的行为为负向激励。

当一个行为对当事者来说有多重价值时，在人的潜意识里往往会做价值排序，他会优先选择自认为最有价值的行为。比如学习，有些成绩比较差的学生也希望自己获得好成绩，但由于他在学习中会遇到很多无形的困难，如前面我们提到的负面情绪、限制性信念等，这些困难带给他的痛苦可能会远远超过责骂带给他的痛苦。因此，这类学生宁愿忍受责骂也不愿意继续学习，而选择放弃努力。这就是在教育孩子的过程中，一开始用责骂的方式给孩子施加压力有效，但是越来越不管用的原因。我跟有些家长开玩笑说，如果靠责骂来激励孩子，你需要准备由细到粗的一系列棍子，因为只有责骂带给孩子的痛苦越来越大，孩子才会一直前进。

此外，负向激励很容易影响孩子的身份认同，"你这个孩子总是不认真"（我是不认真的人）"做事总是马马虎虎"（我是一个马马虎虎的人）……而这个"身份"反过来又会影响孩子的行为：我是不认真的人，马马虎虎的人，作业出现错误是正常的。因此，**负面激励有时是有效的，但不能经常用，它的"副作用"很大。**

学习对每个人来说都是有价值的，然而有些学生在学习时很痛苦（参见NLP学习动力系统理论），他为了逃避痛苦而选择放弃努力。

信念是行为的门槛

信念是行为的门槛。当人们相信自己能取得这份价值的时候，就会行动起来。相反，如果人们认为不论怎么努力都得不到这份价值时，就会放弃。

认为"我能"或"我不能"，决定着一个人是否行动。当一个学生持有"我学不会"的限制性信念时，他就会放弃学习。有时完成作业也只是迫于老师或家长的压力（逃避痛苦）。在这种情况下，他常常会把这一科的作业放在其他科目之后，在不得不做的情况下才去做，其效果可想而知。因此，我把限制性信念称作学习的第二大阻力。

当一个人持有"我能"的信念时，就会积极想办法、找资源；如果一个人持有的是"我不能"的信念，他就会千方百计地找不做（逃避）的理由。

网上流传着一个关于乔丹卖衣服的故事：

乔丹13岁那年的一天，父亲突然递给他一件旧衣服，并告诉他这件旧衣服是花了1美元从旧物市场淘来的。

"你能将它卖到2美元吗？"父亲用探询的目光看着他。

"智障者才会买！"他赌着气说。（在不相信自己能做到时会找理由）

父亲的目光真诚中透着渴求："你为什么不试一试呢？你知道的，家里日子并不好过，要是你卖掉了，也算帮了我和你的妈妈。"（行为的价值带来动力）

他这才点了点头："我可以试一试，但是不一定能卖掉。"（限制性信念开始动摇，转而积极想办法、找资源）

教育工具箱

他把衣服洗净，并很小心地用刷子把衣服刷平，铺在一块平板上阴干。第二天，他带着这件衣服来到一个人流密集的地铁站，经过6个多小时的叫卖，他终于卖出了这件衣服。

他紧紧攥着这2美元，一路奔回了家。当他把卖衣服的钱交给父亲时，父亲又递给他一件旧衣服："把这件衣服也卖掉，要卖20美元。"

他毫不犹豫地接过衣服，开始思考怎么做可以卖20美元（"我能"的积极信念已经形成，并开始主动想办法找资源）。他先是把衣服洗干净、熨平整。几天后，他请学画画的表哥在衣服上画了一只可爱的唐老鸭与一只顽皮的米老鼠。然后拿着这件"文化衫"到一所贵族学校旁边去卖，最后被一个管家买走了。

回到家后，父亲又递给他一件旧衣服："把这件衣服卖到200美元。"

他没有犹疑，接过了衣服，陷入了沉思（想办法、找资源）。

两个月后，机会终于来了。当红电影《霹雳娇娃》的女主角拉佛西来到纽约做宣传。记者招待会结束后，他猛地推开身边的保安，扑到了拉佛西身边，举着旧衣服请她签名。拉佛西先是一愣，但是马上就笑了，没有人会拒绝一个纯真的孩子。

拉佛西流畅地签完名。

他笑着说："拉佛西女士，我能把这件衣服卖掉吗？""当然，这是你的衣服，怎么处理完全是你的自由！"

他"哈"地欢呼起来："拉佛西小姐亲笔签名的运动衫，售价200美元！"经过现场竞价，一名石油商人以1200美元的高价买了这件衣服。

回到家里，他父亲流下了感动的热泪。

从这个故事里我们不难看出，当父亲第一次将衣服交到乔丹手里的时候，他觉得不可能，于是找到了若干理由：1美元买来的衣服不可能卖2美元，这样的衣服大街上有的是，智障者才会买呢……在父亲的启发下准备试一试的时候，他不再找理由而是想办法、找资源，洗净、熨平，终于将衣服卖了出去。一旦"我不能"的限制性信念被打破，变成"我能"的积极信念，当第二次、第三次拿到衣服时，他不再犹豫，继续"想办法，找资源"，最终心想事成。

相信自己，就会立即行动；不相信自己，就会止步不前。

能力是取得价值的保障

能力是取得价值的保障。有了自己在意的价值，相信自己能做到，就会开始行动。然而，能否得到这份价值，就要看当事者有没有取得这份价值的能力，具备能力就可以完成任务得到价值，否则即使再努力也得不到。

爱因斯坦说："每个人都是天才。但如果你用爬树能力来断定一条鱼有多少才干，它整个人生都会相信自己愚蠢不堪。"我们就用鱼来打个比方，如果有一条鱼发现树上有它喜欢吃的东西，也相信自己能够吃到，于是开始爬树。然而由于没有爬树的能力，所以，即使它有行动也不能取得想要的价值。同样，如果有一只猴子，发现树上有它喜欢吃的东西，也相信自己能吃到，于是开始爬树，由于有爬树的能力，它的行动就可以得到想要的价值。

目前，社会上有很多关于中小学生的励志训练营。举办方会通过某些体验、励志的语言帮助孩子突破限制性信念，让他们相信自己，"我能"甚至"我无所不能"。因此，这些孩子在训练营里的梦想板上写了"考哈佛、望剑桥"，甚至对清华、北大不屑一顾。回到现实生活中后，由于没有发展出相应的能力，很快就发现自己的目标不可能实现，于是又产生了新的限制性信念"我不能"，随即就会被打回原形，再难起步。

由此可见，发展出相应的能力，是取得价值的保障。

积极的正向评价给行为带来持续动力

积极的正向评价给行为带来持续动力。在行为发生的上述三个条件中，价值最简单，能力可以在行动中培养，最容易松动的是信念。在心理学上有一个著名的"习得性无助"实验，习得性无助是形成限制性信念的主要原因。

美国心理学家赛利格曼在1967年研究动物时发现，他起初把狗关在笼子里，只要蜂音器一响，就给狗施加难以忍受的电击。狗被关在笼子里逃避不了电击，于是在笼子里狂奔，屁滚尿流，惊恐哀叫。多次实验后，蜂音器一响，狗不再狂奔逃避，而是趴在地上惊恐哀叫。后来实验者在电击前，把笼门打开，此时狗不但不逃，而且不等电击出现，就倒地呻吟和颤抖。它本来可以主动逃避，却绝望地等待痛苦的来临，这就是习得性无助。

对于这只狗来说，在开始遭受电击的时候，它为了逃避痛苦（价值）并相信自己能逃离痛苦（积极信念），于是狂奔。然而，在行动中它发现自己没有逃出去的能力，久而久之，就形成了新的限制性信念"我不能"。当它认为不能逃脱时，就放弃了挣扎。

同样，对学生来说，都希望获得好成绩，这是学生在意的价值。开始学习时，他们也相信自己能够获得好成绩，于是有了行动。部分学生具备相应的能力，成绩进步，这样就强化了他能获得好成绩的积极信念。同时在学习中他们的能力也得到了提高，从而进入良性的循环。而有一部分学生或许因为能力问题，也许是其他因素，他们的学习行为没有取得预期的效果，这时"我能学好"的信念开始松动。如果后续学习仍没有得到预期效果，他们就会形成"我学不好"的新的限制性信念。这个信念又影响到他们的学习行为，从而走进恶性的循环。这就是学习中的习得性无助。

如何破解学习中的习得性无助，让孩子持有积极信念呢？最有效的方法就是给予其积极的正向评价。

学习中的习得性无助，源于学生没有看到努力带来的预期效果（行为的价值）。如果让学生看到自己的付出有了回报，就不会产生习得性无助。因此，**改变评价标准是破解学习中的习得性无助的有效途径。**

通常，老师、家长和学生都是用分数或名次提高与否来判断学生是否进步的，即以成绩论成败。这样，当学生的考试成绩没有提高时就会怀疑自己努力的价值，会有一种挫败感，"我能行"的信念就会松动。如果我们引导学生把关注成绩改为关注自己的进步和提高，让他学会自己跟自己比，今天跟自己的昨天比，他就能感受到进步，习得性无助也不会发生了。

以初、高中生为例，首先要让学生明确：到目前为止，你的学习水平是一个定数。这个定数是由你以前的学习状态和学习能力决定的。未来中考或高考成绩的高低，取决于从现在到中考或高考时的进步，进步越大，你的中考或高考的成绩就会越高。这样，就可以让学生由关注名次或分数改为关注自己的进步。需要注意的是，这里所指的进步并非分数和名次上的提高，因为分数和名次上的提高并不能准确地反映出一个人是否进步。比如，某学生在物理的力学上有进步了，而老师考的却是电学部分，在这种情况下学生的考试分数或名次未必会有提高，甚至有可能降低，然而进步实实在在地发生了。再比如考前，学生为了准备考试会做大量题目，在这个过程中学生的学习一定是有进步的。但是，这些题目中有多少会出现在试卷中呢？所以，**是否进步，只有考生自己知道，而他的分数和名次未必知道**。让学生学会正确地评价自己，学会和自己比，能够看到自己的进步，对学生来说非常重要。这也是克服学习中的习得性无助的根本所在。当学生看到自己的进步的时候，就对自己的学习有了一个正确的评价，看到了努力学习的价值，这样可以给他的学习带来持续动力。

五、行为分析策略

NLP行为分析策略是：先看行为者的积极动机，再看行为的结果。

前面我们提到，价值是行为的原动力。因此，任何行为，对当事者来说都有他在意的价值。我们把这份价值称作积极动机。NLP理论认为：任何行为背后都有积极动机。这里所说的积极动机，是对当事者本人来说的，而不是我们传统意义上说的对和错。

NLP提倡"三赢"，即**"我好，你好，大家好"**。如果一个人行为的结果满足"三赢"，就是人们通常提到的"好行为"或"对的行为"，否则就是"错的行为"。举个例子：

楚琳是一名老师，儿子子轩到了高三的冲刺阶段，本不擅长厨艺的她为了孩子的身体健康，利用网上资源刻苦学习，并决定每天要为儿子准备营养可口的早点。

以后的一个多星期，楚琳每天早晨5点钟就开始忙乎了，煎鸡蛋、切火腿、煎牛肉……等儿子收拾妥当，一个热腾腾的汉堡刚好递到儿子手上。她怕孩子吃腻了，还天天变换口味。

教育工具箱

问起早点好吃不好吃，子轩的回答总是"好吃啊""还行""不用换口味了"。

虽说辛苦，但楚琳非常欣慰，认为这一切付出都值得。

可是，一次意外却让她伤透了心。一天早上，因为发现儿子忘带钥匙，楚琳打开窗户准备叫住他，却看到儿子在走过一个垃圾桶时，将自己为他准备的汉堡扔了进去。

楚琳当时就懵了，没想到自己的辛苦付出，竟落得这样的下场！

试想，如果你是楚琳，看到孩子把你精心准备的汉堡扔到垃圾箱，你会怎么想？会不会觉得孩子很不懂事？

现在，先不急下结论，让我们用行为分析策略来看看孩子扔汉堡的行为。

先看孩子行为的积极动机，如果你是这个孩子，你把妈妈辛辛苦苦做的汉堡扔到垃圾箱里，你为的是什么？

把汉堡扔进垃圾箱，是不是自己不爱吃，难以下咽？偷偷地扔，是不是怕妈妈看到了会伤心？在妈妈问好不好吃的时候，是不是怕妈妈失望才回答"还行"？如果你这么想的话，还会认为是孩子不懂事吗？

当你了解了子轩行为的积极动机时，对他的行为是不是多了一份理解？

当然，认可行为的积极动机并不等于认可这个行为。还要看这个行为的结果是否满足"三赢"。就子轩扔汉堡的行为来说，自己没吃到早饭，自己没有赢；妈妈的辛苦白费了，妈妈也没赢；妈妈发现他偷偷地扔掉汉堡时很伤心。所以，这个行为就不是我们认为的"对"的行为。

看到行为的积极动机，能够让我们更好地了解行为人，也能更加理解对方，在沟通时也更容易产生亲和感。

如何推测行为的积极动机呢？因为积极动机是对当事者本人来说的，在判断行为的积极动机时，我们可以从当事者本人的角度来分析，这就是所谓的**"设身处地，换位思考"**。

让我们来分析下列行为的积极动机：

学生玩游戏（觉得有趣，放松，有成就感，想融入某个群体，有意识地跟父母作对……）

作业拖拉（避免家长再留新的作业；作业难，想让自己轻松些；既能完成作业，又能玩儿……）

打架（维护自己的权威、权益、尊严……）

行为分析策略是沟通的重要工具。NLP的沟通原则是**"先跟后带"**。如果在沟通时先认可对方的动机，就可以很好地和对方建立亲和感，沟通会更有效。

比如，某学生跟同学打架了，如果老师在沟通时先找到他打架的积极动机："你打他是为了维护你的权益（权威、尊严等），是吧？"学生听了这句话就会觉得老师是理解他的，就会和老师有一种亲近感，而不是一味地排斥和防御。接下来，老师可以和学生一起分析他行为的结果，"你把他打了，他受到了伤害，你也会受到学校的惩罚，还要赔偿损失。你的行为也影响着其他同学，你觉得这么做的效果怎么样？"让他认识到打架的结果是没有人赢。接下来再和学生一起想办法，可以这样问学生："那么，你想一想，除了用打架的方法来维护你的权益（权威、尊严等），还可以怎么做？"这时他可能会想出一些办法。再问："还有呢？""还有呢？"……这时他就有了多种选择。当他以后再遇到这种情况时，就可能选择更好的方法了。通过这样的沟通，学生得到了成长和提高，师生关系也会更亲密。

六、成长型思维和固定型思维

美国斯坦福大学卡罗尔·德韦克教授及其团队的研究成果指出，人的思维模式分为两种：一种是成长型思维，另一种是固定型思维。（从NLP角度来说，就是两种不同的程式）

两种思维模式

拥有成长型思维的人认为，人的智力和能力都是可以通过努力来改变的，大脑就像肌肉，你越训练它，它越会成长。**大脑神经元链接的形成与加深，大多数是在做一些困难的事和犯错误的时候**，而不是一次次重复做简单的事情的时候。换句话说就是"**困难和错误能够让人变得更聪明，更有能力**" "**困难和挫折是成长的机会**"。当一个人拥有成长型思维时，他更能以积极乐观的心态面对困难和挫折，更愿意接受挑战，更能从过程中享受到乐趣，复原能力会更强，智力和能力也越来越强。

拥有固定型思维的人则认为自己的智力和能力是一成不变的，

觉得个性和天赋都是生来就有的，自己不能改变，整个世界就是由一个个为了考察我们的智商和能力的测试组成的。

固定型思维的人往往害怕失败，担心自己看起来不那么聪明、比较愚钝。他们过度在意外界的认可，很在意自己在别人眼中是否聪明，过度担心自己的错误和失败，不愿尝试自己不擅长的领域，遇到挫折时沉溺于焦虑苦闷不易摆脱，因而拒绝接受挑战和面对困难。由此，他们的发展潜力会受到限制。

每个人都同时拥有成长型思维和固定型思维，我们在某些方面会使用成长型思维去思考做事，而其他方面则会使用固定型思维去思考做事。德韦克博士研究发现，在学校测验中排名前20%的通常都是拥有成长型思维的学生，而测验排名靠后的20%通常是拥有固定型思维的学生。

很聪明，就是不用功

在辅导时，我经常会遇到这样的学生：他们是老师和家长眼里的优秀生，平时成绩好、上进心强、各方面表现都很优秀，但是到了高年级（初三或高三），就不再去上学，甚至在家里沉溺于游戏，成为网瘾一族。在与学生沟通时我发现，出现这种情况，主要是因为他们头脑中的固定型思维在作怪。由于一两次考试的失利，他们不再自信，开始害怕失败，担心自己考不好，为了避免考不好带来的压力，索性不学习、不考试。这就为考不出好成绩找到了一个合适的理由，认为这样就不会影响他在别人心目中的"我是聪明的"形象。

"这个学生很聪明，就是不用功。"这是很多老师说过的一句话。岂不知，很多学生因为这句话而放弃了努力。

我曾经辅导过一个高二男生，这个学生成绩很差，他告诉我，他也很想把成绩提高上去。我说："既然你想提高成绩，就努力啊！老师会帮助你的。"他说："我不能努力，现在我成绩差，同学们都说我聪明只是不用功，万一我用功了，成绩还差，同学们就不会再说我聪明了。"可见，是否聪明在持有固定型思维的学生心中多么重要！

2011年暑假，我的一个朋友给我打来电话，说自己即将上高三的女儿（高一时是我的学生）不学习了，希望我能给孩子做个辅导。这个学生成绩很好，也很用功。突然间不学习了，家长非常着急。

"发生了什么事让你不想学习了？"我问学生。她说："我们同学都说我成绩好是因为我太用功，但我不聪明。我倒要让她们看看，我不用功照样可以考出好成绩来。"很显然，这个学生特别在意自己在别人眼中是否聪明，并且要证明给别人看。

我对她说："傻丫头啊，你知道吗？这个**世界上最不缺的就是聪明人，最缺的就是有毅力能坚持的人！**你怎么能把身上最宝贵的特质丢掉，去追求聪明不聪明呢？"听了我的话，她回到家就又开始努力学习了，2012年高考，被南开大学新闻系录取。

为己而学

拥有成长型思维的学生能以更积极的心态面对困难和挫折，从而得到成长。

比如有两个学生，一个拥有成长型思维，另一个拥有固定型思维。某一次他们的作业上都出现了很多叉子，拥有成长型思维的学生会很高兴，因为作业中的错误暴露出他学习中的不足，让他的学习更有针对性。而拥有固定型思维的学生会很沮丧，认为这是自己能力不足，自己是失败的。很显然，拥有成长型思维的学生成长更快。

2009年10月，一个高三女生找到我，说她学习压力很大，一想到学习就很焦虑，希望我能帮助她。我问她："学习可以给你带来什么？"她告诉我说："可以让我考上一所好大学，将来能有一份好工作，也会有更高的收入，可以过上幸福的生活。"

"上了好大学一定会有好工作吗？""不一定。"

"进了一个好单位一定会有高收入吗？""不一定。"

"有了高收入就一定会有幸福生活吗？""不一定。"

"好大学、好单位、高收入和幸福生活之间是不是还缺一些东西？这个东西叫能力，是吗？""是。"

"《论语》里有一句话，'古之学者为己，今之学者为人'，听说过吗？""没有。"

"如果让你选择的话，你学习是为己还是为人？""为人，为人民服务嘛！选择为己而学多自私啊！"

"你把孔老夫子的本意曲解了。古之学者为己，是说古圣先贤的学习是为了提升自己；今之学者为人，是说现在的人，是为面子而学，学习是为了在别人面前炫耀。理解了这个意思，你选择哪一个？""我选择为己而学。"

"为己而学就是为了提升自己而学。在为己而学的过程中，一方面要注意全面提升自己，不仅仅是学习，还有与人沟通的能力，以及如何应对学习和生活中的压力等。另一方面要关注自己点点滴滴的进步，比如，上课时会做了一道题、弄懂了一个知识点、记住了几个单词，这些进步都是在提升自己。你明白吗？""明白了。"

……

在随后的一次辅导中，她说当意识到不是为名次学、不是为分数学，而是为了提升自己而学习的时候就不再焦虑了，上课特别认真，还能积极主动地回答老师的提问，学习的感受和以前完全不一样了（体会到了学习带给她的成长感）。

2010年这个学生参加高考，如果按平时成绩她可以考一所不错的一本院校，遗憾的是，她没有发挥出自己应有的水平。高考成绩只比二本段略高，后来被保定学院英语专业录取。在高考成绩出来后，她到学校来看我时说："老师，我们很多同学都说我是怪兽。"我问怎么回事，她说："我们同学说，你考得这么不好，怎么也没看到你伤心、难过呀？看你倒是挺开心的，你就是一个怪兽。"我说："对呀，本来你应该考一本，现在只能上一个二本院校，我也没有看到你伤心啊，我看你就是一个怪兽。"这个学生说："不对呀，是您告诉我的，要为己而学呀。不论我考到哪个学校，我都有继续提高自己的机会呀！"听了她这些话，我心里很感动，对她说："好，有你这句话，老师就放心了！"大家想一想，每年有多少学生因为高考成绩不理想而自寻短见？试想，如果学生们都是为了提高自己而学习，还会出现这些我们不愿意见到的悲剧吗？

这个学生在去保定学院的火车上发短信告诉我，她去报到了。我给她回复："不在于你上什么样的学校，重点是你无论在什么样的学校都能得到发展。"果然，她在上学期间抓住每个能提高自己的机会：加入了学生会，当了班干部，并参加了系里组织的英语演讲，这是她第一次站在台上面向大家演讲，成绩还不错，进入了决赛。在上台比赛前，她打电话说很紧张，我用NLP技术为她做了调整，比赛结束后发来短信："老师，我被淘汰了。"我回复她："很好，对于你来说**参与的过程比结果更重要！**"

进入大三第二学期，也就是当年的三四月份，她频繁跟我联系，说暑假特别希望能够到新东方英语培训机构去做助教。去面试过，但落选了。随后她在网上看到暑假在广东有一个疯狂英语的训练营，她很想参加，但是拿不出一万多元钱的学费。同时，她还在网上看到了一则消息，说这个训练营招助教，助教的选拔培训只需要400元钱。她特别想去参加助教的选拔，但是不确定这个消息的真伪。后经过多方求证，最终她决定参加这次助教的选拔。在培训结束前的最后一天下午，她又打来电话，说自己要和另一名学员比拼，谁赢谁获得做助教的资格，自己很紧张。我在电话里对她做了一些指导。晚上她发来短信："老师，我被淘汰了，已经坐上了回保定的火车。"我给她回短信说："很好，对你来说，过程比结果更重要，这次经历是你人生的宝贵财富。"到晚上八点多的时候，她又发来短信："老师，教练给我打来电话，告诉我被录用了。"我回短信说："很好。**过程好，结果好，更好！**"就这样，那年暑假，她参加了这次训练营。

从这些曲曲折折的经历不难看出，她在抓住一切机会提升自己。她大学毕业后参加了研究生考试，被南开大学录取。

很显然，这个学生之所以在遇到挫折的时候不气馁、不放弃，就是因为她拥有了成长型思维，她能从任何事情（特别是挫折和失败中）找到属于自己的价值。

教育工具箱

差别和差异

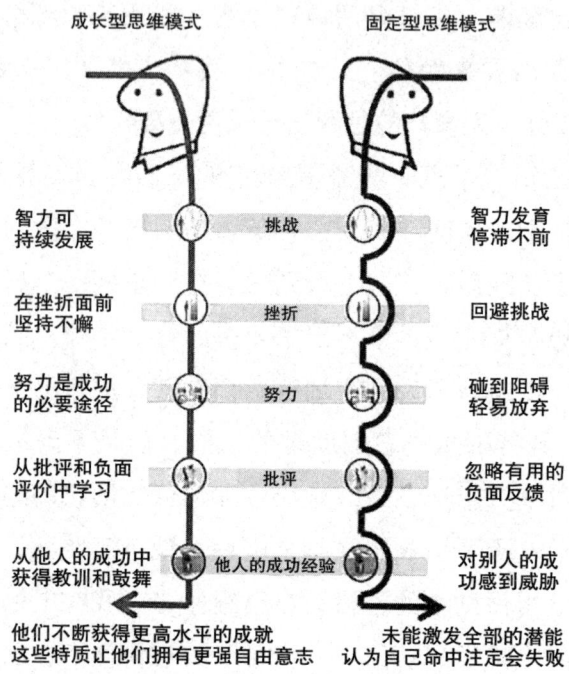

两种思维模式在信念和行为上的区别

上图摘自《终身成长》一书，给出了两种思维模式在信念和行为上的区别。

面对挑战和挫折，拥有成长型思维的人会拥抱挑战，在挫折面前坚持不懈，因为他认为挑战让他进步，即使遇到挫折也能得到属于自己的价值。而拥有固定型思维的人往往回避挑战，遇到挫折就会停滞不前，因为他们不相信能战胜挑战，失败会让他们很没面子。

对于努力的认识，拥有成长型思维的人坚信"一分耕耘，一

78

分收获"，只要自己努力就能得到一份价值，即使这些价值并没有在成绩中显现出来。而拥有固定型思维的人，当他产生"我不能"的限制性信念时，就会觉得努力是没有意义的，会选择放弃努力。

面对批评，拥有成长型思维的人会以积极心态应对，他们会认为对方的批评是对事而非对人，会从别人的批评中吸取对自己有用的信息，让自己得到提高。而拥有固定型思维的人，会觉得对方批评的是自己这个人，很没面子，同时会陷入负面情绪中。

面对他人的成功，拥有成长型思维的人会把别人的成功看作是自己进步的资源，会虚心向成功者学习。而拥有固定型思维的人会把别人的成功看成是对自己的威胁，排斥、嫉妒身边成功的人。

拥有两种不同思维模式的人，在信念和行为上的差别，造成了人生的差异。拥有成长型思维的人会不断获得更高水平的成就，这些特质让他们拥有更强烈的自由意志。而持有固定型思维的人不能发挥自己的全部潜能，发展会受到限制。

教育工具箱

七、神奇的思维换框术

当学生拥有了成长型思维，将会以更积极的心态去面对学习上的困难和挫折，进步更快，学得也会更轻松更快乐！换框法，为创造积极学习心态、培养成长型思维提供了有力的工具。

你的思维被"框"住了吗？

在现实生活中有很多框架，如照相机有取景框，照相时我们会把觉得重要的或有价值的事物放到取景框中。同样，我们的思维也有类似的框架。前面我们提到的意识过滤器，就是思维中的框架。大脑会让我们认为有意义、有价值的信息通过意识过滤器这个框架进入大脑，同时会屏蔽一些我们当时认为不重要或没有用的信息。当然，思维的框架比照相机的取景框要复杂和高明得多，它不仅能够决定哪些信息能够进入我们的意识，而且还会对这些信息进行诸如删减、扭曲、归纳等加工。

框架的好处是能够让我们注意力更集中，减少无用信息的干扰。

同时，因为框架的限制，**我们透过框架所看到的永远是事物的一部分**，这也给分析和解决问题带来了局限性。

空间思维框架

图中，如果透过第一个框架观察，你发现的是一条自由自在游动着的小鱼。如果你是这条小鱼的话，想必会觉得悠闲自在。然而，如果我们将框架扩大，变成第二个框架，你会发现在小鱼的后面还有一条大鱼，大鱼张着嘴巴要吃小鱼。如果你还是前面那条小鱼的话，估计原来的那份惬意早就烟消云散了，变得惊恐并拼命逃窜。当然，如果你是画面中的第二条鱼的话，可能会有一些欣喜——有吃的了。如果我们再将框架扩大，变成第三个框架，后面还有一条更大的鱼……可见，框架变大了，信息更多了，我们的感受也随之变化了。

思维框架有很多，上面提到的是空间框架，此外还有时间框架、角度框架等。这些框架都从不同的方面影响着我们的认知。幸运的是，我们可以有意识地选择框架、改变框架。

空间换框

我们通常会说"改变视野"，"改变视野"就是改变空间框架。当视野扩大时我们得到的信息会更多，当视野缩小时又能聚焦在某些重点上。了解了这些，我们就可以根据需要有意识地改变框架的大小。NLP中的感知位置技术就是空间换框的重要应用。

感知位置技术

NLP发现，采用不同的感知位置，可以得到不同的认知和情绪。感知位置有很多种，在这里，我介绍最常用的四种。

第一位置：站在自己的角度。处在第一位置时，我们看到的是自己的需要和体验，如果一个人过度采用第一位置，会让别人觉得他"以自我为中心"。

第二位置：站在对方的位置。处在第二位置时，我们看到的是对方的需求，得到的是对方的体验，这就是平常说的换位思考。如果一个人过度采用第二位置，为他人思考得过多，别人会觉得他"善解人意"，同时也就会牺牲自己，导致失去自尊。在这个位置时，本质上是把别人的利益放在自己的利益之上，有时会妨碍自己的成就。

第三位置：旁观者的位置。仿佛自己置身事外，处于第三位置时，得到的信息会更多，更能从全局看问题。这就是我们常说的"旁观者清"。但是，自身的体验也会降低。

元位置：智慧的我或者我尊敬的人的位置。如果是智慧的我，会怎么看这个问题？我尊敬的人会怎么看这个问题？处在这个位置时，可以让我们看待问题更理智。

一般情况下，过度采用第一位置，容易以自我为中心，人们的思维会倾向攻击性行为；过度采用第二位置，人们会很在意他人的看法，其思维会导致不自信行为；处于第三位置和元位置，对摆脱情绪干扰很有用，NLP的抽离技术就是利用了第三位置和元位置。

对于同一个问题，如果我们有意识地让自己处于不同位置去体

方法对了，✔教育就简单了

验，就会获得更多信息，有了更多的觉察，进而做出更好的选择。

在与学生沟通时，我们可以**利用感知位置技术引导学生，让学生自己感知、觉察**。这样，或许不需要你讲多少道理，学生会很自然地做出更好的选择。

我辅导过一个初二的男生，物理严重偏科。在辅导时他告诉我，他讨厌物理老师，因此不愿意学物理。他告诉我曾经发生过的三件事，让他开始讨厌老师。一是他没有完成家庭作业，被老师批评并罚他在教室后面站着听了一节课。二是有一次上课时他在书上画漫画被老师发现批评了一顿。三是有一次自己感冒，趴在桌子上没听讲，被老师批评。

老师批评了他，他心里不舒服，因而讨厌老师。这时，他处于第一位置。

我问他："如果你是老师，你们班里有一个学生没有完成家庭作业，你批评了他并让他在后面站着听了一节课，告诉我，你为的是什么？"

"我希望他能按时完成作业。"

"按时完成作业对他有什么好处？"

"他就可以学得更好。"

"学得更好，对他有什么好处？"

"那他就可以考上重点高中。"

"那你觉得老师批评了你，老师是为了什么？"

"哦，原来老师是为了我好。"

引导这个学生从第二位置——对方，也就是老师的角度来看问题，他就很容易体验到老师行为的积极动机。

在引导学生以第二位置换位思考时，为了让对方体验更充分，

教育工具箱

需要让他完全融入对应情景中，可以采用这样的句式："如果你是A，你做出B行为，你为的是什么？"

接下来我又问他："在班里你最敬佩的是谁？"

"我们班长，他德才兼备。"

"如果这些事发生在你们班长身上，他会怎么对待？"

"他可能就不会放在心上，可能会一笑了之。"

这是在引导他从元位置看待问题。这样他就发现原来班长可以"不把这些当回事"。这时他就意识到了自己也可以选择一笑了之。

抽离和结合技术

抽离和结合技术是感知位置技术的具体应用，也是快速消除负面情绪的技巧。

结合：身临其境（处于第一位置），在大脑中的画面里只有对方，这时，情绪体验充分。

抽离：冷眼旁观（处于第三位置），在大脑中的画面里有自己和对方两个人。这个位置使人更理智，情绪体验淡薄。

比如，你和某人吵架了，当你回想起这件事的时候脑子里会出现对方的画面、对方吵架的声音。看着这个画面、回忆着当时的声音，你会有不愉快的感觉。这时，你脑子里的画面中只有对方，这就是结合状态，这时的情绪往往会很强烈。如果我们把框架扩大，在看到对方的同时也能看到正在和对方吵架的自己，这时候你就处于一个旁观者的位置（第三位置）。处于这个位置，一方面情绪的强烈程度会下降，另一方面你得到的信息也会更多，或许你会发现自己行为中也有不当的地方（旁观者清），这时你就处于抽离状态。

抽离和结合是很好的处理学生冲突的技术。

2010年高考前夕，一名高三女生找到我，气呼呼地诉说她在餐厅和另一个学生发生了冲突。我问她，找我是想让我帮她找那个学生评评理，还是……她说只想让自己平静下来。

我让她面向墙壁，把墙壁想象成一个屏幕，然后把她们发生冲突的过程像放电影一样从头到尾放一遍，自己就是观众，并要求屏幕上要有她自己。过完"电影"后，她说，"老师，我也有不对的地方"。我问她情绪怎么样，她说没事了，然后去教室了。

为了激发学生的动力，在辅导时，我会经常问学生：

"当你爸爸妈妈听到你成绩提高了这个好消息时，会怎么样？"

"他们会很高兴。"

"看着他们高兴的表情，听着他们肯定你的话语，你有什么感觉？"

这就是利用结合技术，让对方体验更强烈。

此外，以结合的方式读书更容易体会到作者的感受，以抽离的方式阅读更能感受到作者的逻辑。

很多人都有这样的体会，在看小说时，时而结合，时而抽离。比如，看金庸的《神雕侠侣》，男士常常会把自己看成杨过，女士则把自己看成小龙女，通过结合的方式让自己融入情节中，这时会有更强烈的情感体验；时而又把自己抽离出来，以旁观者的角度看故事发展的脉络。

在学习指导中，我发现很多学生常利用抽离的方式进行阅读，这样情绪体验少，致使阅读兴趣低。这样的学生往往会说：看不出什么东西来，看书没意思。如果我们适当引导，使他们处于结合状态，感觉就会发生很大变化。

如果在学科阅读中能引导学生用好抽离和结合技巧，就能提高学习效率。

时间换框

人们习惯于关注某件事情在短时期内的效应，采用的是较短的时间框架。"鼠目寸光"就是这个意思。**如果尝试把时间框架拉长，从长远角度去看待同一个问题，对事物的看法可能就会发生改变。**

左右手的公平

多数人习惯把重活、累活、精细活交给右手，从较短时间框架来看，这样对右手公平吗？如果从较长的时间框架来看，长此以往，右手能胜任重活和精细活，发展出了能力，而左手只能做辅助工作，这样对左手公平吗？我曾经的一个同事，抱怨刚参加工作时，老教师总是让他选题、印题，而荣誉与他无关，产生这种抱怨就是因为他在用较短的时间框架看问题。我提示他从较长远的时间框架来看这件事——现在之所以他的几何教学水平在全区首屈一指，与这段经历分不开，他表示赞同。

学生犯错误

如果关注眼前的结果，学生犯错误的时候，我们会产生负面情绪，有些老师甚至害怕学生犯错误。如果把时间框架拉长，从成长型思维的角度来看，错误也能帮助孩子成长。关键在于老师关注的是什么？是发泄情绪，还是孩子的成长。

三年并不能决定人的一生

有些学生高考前焦虑，认为若高考失败，则人生失败。如何缓解这份焦虑呢？我经常给学生打这样的比方，如果一个人活80岁算半米长，高中三年多长？不到两厘米。两者一对比，这三年在一生中微乎其微，怎么能说高中三年会决定一个人的一生呢？高中只是在人一生中非常关键的一个时间段。现在是终身学习、终身发展的时代，决定你未来的不是学历而是学习能力。

17岁女孩怀孕

《金牌调解》曾有一期节目，说的是丈母娘不接受已经有两个孩子的女婿。究其原因，是她女儿在17岁上高中的时候，就认识了这个男的，并且怀了孕，不得不中断学业，丈母娘对此耿耿于怀。17岁的女儿怀孕，对于一个母亲来说无异于晴天霹雳，当时的心情可想而知。这是从较短的时间框架来看待问题，心里过不了这个坎也很正常。如果从较长的时间框架来看，父母最关注的是孩子生活得是否幸福，现在女儿一家过得很幸福，如果这样考虑就可以释然了。

意义换框

看到一个杯子，你想到什么？它有什么用途？估计你会立即想到用它可以喝水。它还能做什么？装其他东西，能作为装饰物，能做镇纸，能利用它的底面画圆，能作为武器攻击敌人，能作为交换物，还能……如果你肯继续想下去，相信还会有很多答案。

著名作家毕淑敏说过：事情本身没有意义，是我们赋予了事情意义。**当你赋予事情积极意义时，你就能得到一份力量。**

爱迪生实验室失火

1941年在离爱迪生家不远的实验室着火了，大火烧掉了所有的实验设备和数据报告。一家人站在熊熊燃烧的大火前，爱迪生很幽默地对妻子说："亲爱的，看哪！多大的一场火啊，把我过去所有失败的实验结果、错误的数据报告全都烧掉了，这说明上帝将带给我新的数据报告、新的实验结果！"就在大火后的14天，爱迪生发明了留声机。

罗斯福被偷

罗斯福是美国唯一一位连任四届的总统，一次他家里有小偷光顾，被偷走了不少东西。他的朋友写信安慰他，罗斯福在回信中写道：谢谢你的关心，我很好。第一，我很安全。第二，他偷走的只是我财产的一部分而不是全部。第三，我很庆幸现在做小偷的是他而不是我。

鼓盆而歌

惠子（惠施）和庄子是多年的朋友，他听说庄子的妻子去世了，心里很难过，便急急忙忙向庄家赶去，想表示一下哀悼之情。可是当他到达庄家的时候，眼前的情景却使他大为惊讶：只见庄子叉着腿，像个簸箕似的坐在地上，手中拿着一根木棍，面前放着一只瓦盆。庄子正用木棍一边有节奏地敲着瓦盆，一边唱着歌。

惠子先是发愣发呆，继而渐渐生出不满，最后愤愤不平了，他怒气冲冲地走到庄子面前。庄子略略抬头看了他一眼，依旧敲盆、唱歌。惠子忍不住了："尊夫人跟你一起生活了这么多年，为你养育子女，操持家务。她不幸去世，你不难过、不伤心、不流泪倒也罢了，竟然还要敲着瓦盆唱歌！你不觉得这样做太过分吗？！"

庄子说："惠兄，感谢您老远地跑来吊唁。其实，当妻子刚刚去世的时候，我何尝不难过得流泪！只是细细想来，妻子最初是没有生命的；不仅没有生命，而且也没有形体；不仅没有形体，而且也没有气息。在若有若无恍恍惚惚之间，那最原始的东西经过变化而产生气息，又经过变化而产生形体，又经过变化而产生生命。如今又变化为死，即没有生命。这种变化，就像春夏秋冬四季那样运行不止。现在她静静地安息在天地之间，而我却还要哭哭啼啼，这不是太不通达了吗？所以我止住了哭泣。"

小男孩儿刷邮筒

一个美国小孩儿放暑假了，想在假期挣一些钱。于是他和爸爸商量想去帮别人家刷邮筒，爸爸非常支持，和孩子一起买来原料和工具。第二天，爸爸去上班，孩子高高兴兴地去为别人刷邮筒。到了晚上，父亲下班回家，远远地看到孩子正垂头丧气地坐在家门口，一问，孩子说不干了，因为每到一家都会遭到拒绝。父亲问："一分钱也没挣到吗？""不是，钱都在这儿。"父亲看了看，钱的数额在意料之中。父亲又详细地询问情况，知道孩子并不是因为挣钱少而不愿再干了，而是孩子不喜欢被拒绝的感觉。吃过晚饭后，父亲对孩子说："我做了个调查，有很多人盼望着你去帮助他们，你做不做？"孩子来了兴致，说："我做，就是不给钱我也做。"父亲说："他们会如数把钱给你，只不过需要你在这片区域中把这些住户找出来。"孩子说："那还不容易！"第二天孩子又带上工具出发了，敲开一家，主人说："不需要。"孩子很高兴，因为他排除了一家，于是兴奋地去敲另一家的门……

这些都是典型的意义换框。**意义变了，心情就变了。**

NLP有一条著名的假设：凡事发生必有助于我。如果你接受了这条假设，当我们遇到困难时，就会主动赋予事物积极意义，获取事物对我们的积极价值。

情景换框

牙痛对患者来说，是坏事；而对于牙医呢？

石油刚开始被发现时是令人讨厌的东西，污染环境、很难清理，但现在成为世界各国争抢的资源。

爱打架的儿子

正上初中的儿子经常在学校里跟人打架，令他母亲非常烦恼。

"你儿子能够在妹妹上下学的路上被人骚扰时保护她，那不是很好吗？"

这样可以帮这位母亲从另一个角度来看问题，从而改变对儿子行为的态度。当这位母亲认识到儿子的能力在某种情境下是有用的，便可以用更建设性的方式做出回应，而不是只觉得愤怒和羞愧。

负面反应经常会保留甚至强化问题行为，经常责备会引发"对立反应"，也会激发而不是抑制不受欢迎的行为。（参照逻辑层次理论）

母亲如果能看到儿子的行为在某一情境下有积极效果，这会帮助她对该行为有更好的"超然立场"，从而开始跟儿子就其行为和行为发生的情境做更有效的沟通。

当孩子的行为被确认在特定情境下有用，而不是被攻击和指责时，他也可以从不同的方面来看待自己的行为，而不是一味防御。下一步，母子俩可以一同找出这一在校行为的正面意图和利益，探索更合适的替代方式。

我们引导学生时，如果将情景换框和逻辑层次理论结合起来使用，就会产生积极的效果。在上面的案例中，"打架"是一种行为，我们可由这种行为看到他有"保护"的能力，再为此能力找到适合的环境"保护妹妹"，这样就为这份能力找到了积极意义。

垃圾是放错了地方的资源！

问题框架和结果框架

如果一个学生上课迟到了，你最想问的一句话是什么？相信很多老师会问"你为什么迟到？"，迟到的学生通常也会在赶往教室的途中想出若干理由，比如，"闹钟没响""妈妈没叫我起床""半路上自行车坏了"……面对老师的提问，学生随便抛出一个理由来，老师都无话可说。

如果老师换种问法："怎么做明天你可以按时到教室？"学生会怎么想？这时他会不会想"明天准备两个闹钟、晚上要嘱咐我妈妈早点儿叫我……"

两种不同的问法，孩子大脑中的反应不同："你为什么迟到？"孩子会找出很多理由。"怎么做明天你可以按时到教室？"孩子会积极想办法、找资源。

同样，不同的问法，老师大脑中的反应也是不同的。当老师问"你为什么迟到"的时候，老师关注的是问题——学生迟到，关注

教育工具箱

的是问责，得到的是负面情绪。当老师问"怎么做你可以按时到教室？"的时候，老师关注的是结果——学生按时到教室，得到的是正面情绪。这就是我要给大家介绍的问题框架和结果框架。

"老师，他打了我。"学生脑中出现的是对方打自己的画面，得到的是负面情绪。

"他打了你，现在你希望得到什么？"

"我希望他给我道歉。"这时学生脑子里出现的可能就是对方向他道歉的画面，听到对方道歉的声音，产生的是正面情绪。

老师说："这次考试你不及格。"不论是老师还是学生得到的都是负面情绪，老师要让学生为他的不及格负责任。

"怎么做，下次考试能及格？"

当大脑专注于问题时，我们把它叫作问题框架，这时强调的是"出了什么问题？""为什么会这样？""什么原因导致的？""是谁的过错？"。**"问题框架"聚焦于不受欢迎的症状和寻找症状的原因**。

当大脑专注于期待的结果时，我们把它叫作结果框架，这时强调的是"你想要什么？""怎么样得到它？""有哪些可以利用的资源？"。**"结果框架"聚焦于渴望的结果，以及达成结果所需的方法和资源**。

问题框架关注的是过去和谁要为这个问题负责任，得到的是负面情绪，是在用"逃避痛苦"激励人们，这是人们常用的框架。结果框架关注期待的结果，关注的是未来，带给人们的是正面情绪，是用"追求快乐"激励人们。两种框架在特定情况下都会有效，只是"结果框架"更积极，建议老师和家长多用结果框架。

NLP认为，所有的问题都可以重新定义为挑战或者改变、成长、学习的机会（成长型思维）。所有的问题，都对应着一个渴望的结果。如果有学生说"同学们都不喜欢我"，对应的渴望的结果是"我希望和同学们处好关系"。类似的，如果问题是"我的数学不好"，对应的渴望的结果是"学好数学"。

失败框架和反馈框架

没有失败，只有反馈。

在辅导时，我经常问学生："看到老师在你作业上打的红叉子有什么感觉？"我得到的答案几乎都是：郁闷、不开心。因为他们把做错题定义为失败，而人们害怕失败。

当我们以失败框架看问题的时候，也是在关注过去，得到的是负面情绪。

如果我们把做错题定义为反馈，由关注失败变成关注反馈，会怎么样呢？

我会接着对学生说，**学习有四个层次：第一个层次，不知道我不知道；第二个层次，知道我不知道；第三个层次，知道我知道；第四个层次，不知道我知道。**

"在你做题的时候是不是会把自己认为对的写上？""是。"

"这时，你处于学习的哪个层次？""不知道我不知道。"

"老师画了叉子，这时你处于哪个学习层次？""知道我不知道。"

"如果把这些叉子弄懂了，是不是就到了第三个层次？""是。"

"如果再针对这些知识点做一些训练，就可以变成第四个层次，不知道我知道，也就是老师不出题则已，一出题我就拿满分。"

教育工具箱

这时，学生会明白，红叉子让他从学习的第一个层次提升到了第二个层次，让他的学习更有针对性，是进步的起点。

同样，如果把考试看成测试，糟糕的成绩就会给学生带来挫败感，考不好就是失败，这就是固定型思维。如果把考试看作反馈，那么不论成绩好坏，都能从知识方面、心态方面、考试技术方面得到反馈，这就是成长型思维。当学生把焦点放在反馈上，用反馈框架来思考问题时，学习生活中的所有困难都会变成成长的财富。

不可能框架和就像框架

在做偏科辅导时，我发现很多学生脑子中都有限制性信念。比如，"我学不好数学"。当他持有这个信念的时候，就会放弃对数学的学习和思考。如果我们问他："如果你能学好数学的话，你会怎么做？""如果你学好了数学的话，会对你的总成绩有什么影响？""如果……"这些问话都能绕过他的限制性信念，让他继续思考。

"我学不好数学。"学生大脑中看到的是"不可能"，我们把它称之为"不可能"框架。当一个人认为做某事不可能成功时（限制性信念），他是不会有所行动的，除非有外力逼迫。而对于学习这样的脑力劳动而言，逼迫是很难见效的。这就是很多学生偏科得不到纠正的重要原因。人一旦持有"不可能"的限制性信念，他的大脑就会自动找出很多理由支撑这个信念，而不是想办法解决问题。前面我提到的"信念是行为的门槛"，就是这个意思。因此，打破学生的限制性信念，让学生积极想办法、找资源，才能有效地克服学习中的困难。

"如果你能学好数学的话，你会怎么做呢？"这时，学生会按着你的提问去思考"怎么做可以学好数学"。这就是在想办法、找资源。

"如果你学好了数学，会对你的总成绩有什么影响呢？"

"如果你数学取得了好成绩，你会有什么感觉呢？"

"如果你的目标已经实现了，你……"这就是就像框架，它可以绕过大脑的限制性信念，在期待的结果还没有出现时获得行动的力量（未来预演）。

换框法是培养成长型思维的重要工具。不论是空间换框还是时间换框、意义换框……换框能让我们得到更多的有积极意义的信息，帮助学生成长。

八、亚感元调整技术

前面我们讲过，回忆包括三个要素：画面、声音和感觉。也就是说，当我们回忆某一事件时，在我们的大脑中，通常会出现当时的画面、声音以及这个事件带来的感觉。在NLP中，我们把视觉、听觉和感觉统称为表象系统。

画面变了，感觉变了

现在请你回忆一下，从家到学校这一路的情景，看看脑子里有哪些画面？有哪些声音？有什么感觉？

尝试着改变画面，画面发生什么变化会让你觉得更轻松愉悦？大脑中的声音发生哪些变化可以使你更轻松愉悦？继续这样的尝试，看着改变后的画面，听着改变后的声音，感觉发生了什么变化？

我们很容易体会到，通过改变画面的内容可以改变我们的情绪。传统NLP就用这种方法来消除恐惧症，我也曾用这种方法帮助一个学生消除了怕声音的困扰。那是在2010年，一个学生到办公室找我，说她在自习课上听到同学们翻书的声音时就特别烦，快要崩溃了。并且说自己也知道这不关别人的事，是自己的心理出了问题。家长和老师让她不要再想这些事、不要注意这些声音，但是她做不到。我仔细了解后知道，她这种情况源于她的同桌有一个习惯——上课爱咂嘴，嘴巴经常发出一些声音。她由开始讨厌这种声音，逐渐演变成讨厌各种声音。于是我用画面调整技术引导她，让她想象同桌咂嘴的画面、声音，并告知我当下感受。她说很烦。接下来，我让她想象在同桌咂嘴时，把同桌的嘴巴抻长，这时她忍不住笑出声来。我让她继续把同桌的表情夸张、幽默化，这个学生笑得更灿烂了。反复训练，咂嘴——抻长——笑。多次训练后，这个学生的大脑神经元形成了新的链接，只要一听到咂嘴的声音就笑出来。就这样，她的问题彻底解决了。

大脑可以对脑中存储的画面、声音进行任意的加工，当这些画面、声音发生变化时，人的感觉也会随之变化。

还记得在"个人历史可以改变吗？"小节中，我曾辅导过的那个被演讲恐惧症困扰了20多年的老师吗？这个老师一想到在公众场所演讲就会紧张、害怕，演讲恐惧症严重影响着她的工作。

我只是引导她把大脑中观众的画面调亮，让她看清楚观众在向她微笑，就让她恢复了自信，第二天在众学员面前侃侃而谈。

除了画面的内容外，在改变画面时，NLP特别关注画面和声音的一些特质。比如，画面的亮度、清晰程度、色彩、大小、动态或静态、远近等，这些特质在NLP中称为视觉亚感元。

"亮度"变了，感觉变了

NLP的一项非常神奇的技术就是亚感元调整。在亚感元调整中，不需要改变画面的内容，只是将画面的亮度、清晰程度、色彩、大小、远近等做些调整，感觉就会随之发生变化。

2009年，一名高三学生找我辅导，这个学生原本物理成绩很好，就是在那段时间里特别怕做物理的计算题，这必然影响他的考试成绩。我用亚感元调整技术帮他做了调整后，学生告诉我，他当下最想做的就是回到教室做物理计算题。我被这个技术的神奇惊呆了，短短几分钟，这个学生就发生了这么大的变化！在以后的辅导中，我不断地体会和运用这项技术，发现大多有效，有时效果非常好。因此，亚感元调整几乎成了我调整偏科的必用技术之一。

通常情况下，当画面的亮度高、清晰度高、色彩鲜艳、画面尺寸大、离自己近的时候，感觉更强烈。而亮度和清晰度变低、色彩变成黑白、画面变小、离自己比较远时，感觉也减弱。我们可以根据自己的需要改变亚感元，取得想要的效果。

我辅导过一名偏科的学生，她最喜欢的科目是语文，最不喜欢的是数学。

在对比学数学和学语文的画面时，她告诉我：喜欢的语文画面更亮、更清晰、色彩也更鲜艳、画面更大、离自己更近；而对于不喜欢的数学，"画面是暗的、模糊的、色彩暗淡、画面比较小、离自己比较远"。在我引导她将学习数学的画面变亮、变清晰、色彩变得更鲜艳一些、变大、拉近距离的时候，她告诉我喜欢数学的程度由3变成了6，感觉轻松了，有点自信了。

案例一　考试让她肚子疼

张琪，高三女生，从初中开始，每次大型考试都肚子疼，有时甚至需要去厕所，她本人及家长压力都很大。在高三第一学期期中考试前一天，她接受了我的辅导。

一、精确亚感元

"考试肚子疼是因为你的压力太大。当压力消除的时候肚子疼的问题也会迎刃而解。一想到考试，你有什么感觉？"

"紧张。"

"如果让你打个比方的话，这份紧张像什么？"

"像心里有一团乱麻。"

"这团乱麻是什么颜色的？是硬的还是软的？是凉的还是热的？是轻的还是重的？……"

"灰黑色，硬的，凉的，轻的……"

二、亚感元调整

"接下来，你可以用你能想到的任何方法，把它变得透明，让它变软，变温……"

"我用手捂一捂它就变软了，变温了，清洗以后变透明了，感觉挺可爱的。"

"你希望留下它还是让它消失？"

"不要了，让它消失吧。"

"想象着它变得越来越轻，吹一口气，把它吹走，飘远、消失。"

三、EFT（情绪调整）

教她用EFT技术调整负面情绪，嘱咐她进考场后做两遍。

辅导进行了40分钟左右。辅导时，她感觉莫名其妙，事后她妈妈反馈说，当时她不相信这样的辅导会有效果，第二天考试时怕肚子疼带去了暖宝，但是进入考场后肚子没有再疼，只有一点点不适，答上题就没啥感觉了，暖宝没用上。从那儿以后，她一到考试就肚子疼的情况消失了，自己也觉得很神奇。

案例二 历史偏科辅导

某高三文班学生，整体成绩优秀，历史单科略差。自述很喜欢历史，但当我问她一提历史学习时脑子里出现什么，她告诉我的是，一团糟，没有图片，没有声音，就是一种感觉——不舒服。我问她这种感觉如果用某种物体表示的话像什么？她说像心里压着一块石头。

"这块石头是什么颜色的？"

"黑色的。"

"是轻的还是重的？"

"重的。"

"是冷的还是热的？"

"冷的。"

"外形是什么样的？"

"圆的。"

"是硬的还是软的？"

"硬的。"

"好的，接下来你可以用你能想到的所有方法把这块石头处理一下，让它变轻、变软……"

她闭上眼睛，改变这些亚感元，直到把这块石头变得柔软、透明、很轻、很有弹性，自己看了改变后的图像，她觉得很喜欢。

调整结束后她觉得怪怪的。因为我没有给她讲历史知识，也没教她学习方法，怎么对历史的感觉就变了呢？她已经找不到不舒服的感觉了。

期末考试后，我查询了她高三第一学期的几次大型考试的历史成绩在年级的排位：摸底考试第16名，第一次阶段考试第273名，期中考试第310名，第二次阶段考试第265名。辅导后的期末考试，考了年级第60名。

案例三　英语就像一只黑暗中的大手

2015年6月，有一名初二学生找到我，自述成绩不理想，不喜欢学习。进一步沟通后我发现，他的数学学得很好，而英语却很差。我让他列出了学习数学和学习英语时的心理状态及遇到困难时的应对策略。

学习心态及应对困难的策略

心态与策略	数学	英语
学习时的心态	自信	不自信
	轻松	紧张
	愉悦	痛苦
	热爱	讨厌
遇到难题时的行为	找老师、找同学、上网查、自己钻研	放弃
遇到困难时的内心对话	我必须把这道题做出来	滚着吧！

辅导时，他说："英语就像黑暗中的一只巨大的黑手，想把我拉下去。"画了右图，并说他感到很恐怖。我问他："如果0是很平静，10是很恐怖，你现在感觉程度是几？""10！"他不假思索脱口而出。

"你玩儿过游戏吗？"

"玩儿过，我喜欢'英雄联盟'，在游戏中用我的智慧、我的战术赢得胜利。"说着，脸上露出得意的笑容。

"好，现在我们就玩儿一场游戏。你可以充分发挥你的智慧、用足你的技术，你可以用能想象出来的所有道具，打败英语这只巨大的黑手。"

他闭上眼睛，在脑海里和巨手"激战"起来。

过了一会儿，他睁开眼睛说："打完了，胜利了。"

然后画出了右图，告诉我说不黑了，太阳出来了。

我再把英语书递给他，让他随意翻翻，体验一下感受。并问他现在的恐惧程度是几，他告诉我是0。

我接着说："我们可不可以不打死怪物，而是把它收服，变成你的宠物。这样，当你遇到强敌时还能为你所用？"

"那就更好了！"他说。

我引导他再次想象，结束后他画了图，巨手成了他的跟班。

随后，我再让他翻书。他告诉我，有些喜欢英语了，一脸轻松，面带微笑。

我问："相信自己能学好英语吗？"

"相信！"

"学习英语时再遇到困难怎么办？"

"问老师、问同学、上网查、自己思考……"

在后面的辅导中，我让他体验了高效背单词和句子的方法。引导他把评价标准由原来的比分数变成和自己比进步。辅导进行了约一个小时，他的感觉很好，对英语学习有信心了。两天后，他妈妈反馈："孩子状态很好，很高兴！"

通过改变画面的亮度、清晰程度、色彩、远近、大小。物体的轻重、冷热、硬软等亚感元，就可以改变学生对学科的感受，这为我们矫正偏科提供了方便实用的工具。

视觉、听觉和感觉都有它的亚感元：

视觉亚感元有：亮度，大小，形状，颜色，距离，清晰度，位置，对比，动或静，全画面或是边框（如电视机），速度，跳动或连续，光的角度等。

听觉亚感元有：来源方向，距离，速度，音量，声调，清晰度，位置，持续或间断等。

感觉亚感元有：压力，位置，范围，强度，温度，频率，形状，重量，粗细，糙或滑等。

在辅导中，亚感元调整技术的应用非常广泛，我们可以根据需要改变一些对情绪影响比较大的亚感元。

我在NLP学习动力系统中提到，目标是学习动力之一，并且强调真正让目标具有力量的是实现目标后的感受。在辅导中，为了让目标更有力量，我们可以引导学生**看到实现目标时的情景，并将画面放大、变亮、变清晰、更近，这样学生的感受会更强烈，目标产生的动力也更大。**

案例四　捉"鬼"游戏

同理，我们也可以把大脑中的画面变小，离得远一些，这样，压力感就会消失。将亚感元调整和抽离技术结合起来，对消除恐惧症有很好的效果。

我曾经辅导过一个初中老师，她有严重的恐惧症。她告诉我，她怕鬼。

"一提到鬼，你脑子里出现什么？"

"黑乎乎的，什么也看不到，只是知道有鬼。"

"把画面调亮，你看到了什么？"

"看到了幽灵，长得像软体动物。"

"把画面变小，变成手机屏幕那么大、变成黑白的，这时候怎么样？"

"不那么怕了。"

"你玩过触屏游戏吧，想象着你用手去点那个幽灵，你点的时候，它会躲你。"

就这样，让她和"鬼"玩了一会儿。几分钟之后，她告诉我："挺好玩儿的。"从此，恐惧感消失了。

亚感元并不神秘，前面也提到电影导演都是利用亚感元的高手。比如，要创造一个使人恐惧的场景，这个场景往往会比较暗，再配上一些令人恐怖的音乐，观众看到了，听到了，就自然产生一种恐惧的感觉。同样，你可以留意电视中的食品类的广告，画面往往比较亮，颜色鲜艳，让人看了就有想吃的冲动。

九、高效学习指导

在学习动力系统理论中我们提到，低效的学习方法也是学习的一大阻力。好的方法不仅让学生学得快，而且影响着学生对学习的感受及信念。因此，学习方法指导是矫正偏科的重要一环。

你教他怎么学了吗？

在辅导中我发现，很多学生的学习属于自然发生的状态，没有得到过专业指导。有的孩子幸运地"撞上"了好的方法，学习相对轻松，成绩也好；而有些孩子没有那么幸运，一味地用效率很低的方法学习，用功不少，但成绩并不理想。就以背英语单词为例，如果你留心观察，会发现学生中流行的背单词的方法有两种：一种是一个字母一个字母地背，学生在记忆时口中念念有词，需要多次重复才能把这个单词记住，即使记住了，忘得也很快。还有一种方法是根据字母组合的发音分段记忆，这种方法的效率就远高于第一种方法。当然，用这种方法记忆，遇到发音相似的词汇时就会出现混淆的情况。

　　我曾经做过调查，我所在的重点高中有60%以上的学生在用效率最低的第一种方法背单词，为什么会出现这种情况呢？因为很少有老师意识到要教学生学习方法。

怎样背单词更有效

　　NLP认为有三种学习类型：视觉型、听觉型和感觉型。前面提到的背单词的两种方法都是利用听觉系统，属听觉型，即把声音留在脑子里，提取出来时也是声音。利用声音记忆没有规律和意义的信息时是有效的，如记电话号码，你重复几次也就记住了。但是对有规律、有意义的知识，还有更好的记忆方法。遗憾的是，大多数学生只要一涉及记忆背诵的知识，就自动启动听觉型处理程式——死记硬背。

　　有些学习活动需要大量的记忆，如果只采用听觉这种处理模式进行记忆，耗时多，学习效率也很低。如果充分发挥视觉系统的作用，就能有效地提高学习效率。以背单词document为例，我们把第二种按发音分段记忆的方法改进一下，先看一看这个单词中有没有熟悉的部分，ment就是一个常见的后缀，是不需要特别记的。这样就将原本需要记8个字母的单词变得只需要记4个字母，记忆量减少了一半。有人说do我也熟悉，所以前两个字母也不用记了，这样需要记的字母只剩2个。经过上面的分析，估计很多人都记住这个单词了。"记忆是思考的残留物"。经过思考，记忆已经发生了。我们还可以进一步用视觉强化一下，让学生倒着背这个单词。如果能较流利地背出来，说明他在脑子里看到了这个单词，他只需从后往前念出来就行了。

　　背单词还有一个难点，就是英语和汉语的匹配。很多学生背了英语、忘了汉语，记住了汉语，背不出英语。这也与他的背诵方法有关。还是以document为例，这个单词是文档的意思，要记住汉语意思需要借助深层结构。我在指导学生的时候，常常会让学生想象面前有一台电脑，屏幕的左上角有"我的文档"这个文件夹，看着这个文件夹读出单词，是对着大脑中的实物而非文字来记。再比如beautiful，美丽、美好。大脑中可以出现一个美丽的女孩儿或者美丽的景色，然后发自内心地读出单词。此外，视觉+听觉，可以有效解决发音相同的单词混淆的问题。

读"字"

　　无效阅读浪费了学生大量时间。在辅导时，我经常会让学生打开课本，随意找一段文字让学生阅读。读完后我把课本合上，让他叙述刚看过的内容。这时大多数学生脑子里一片空白，根本没记住刚才读了什么。进一步观察，你会发现，他所谓的阅读仅仅是认识这些字词，把这些字词读了出来。20世纪50年代，美国心理语言学家乔姆斯基提出了句子的双重结构：表层结构与深层结构。按照乔姆斯基的理论，阅读时我们看到的句子的形式是语言的表层结构，而编写者表达出的句子的意思则是语言的深层结构。现在大部分学生对课本的阅读仅停留在语言的表层结构，这就会造成一个读懂了的假象。表面看似读懂了，其实没有做任何思考，所以学习根本就没有发生。这也是很多学生认为"看课本没啥意思，课本内有用的内容太少"的主要原因。而且，对一段文字越熟悉，越能流畅地阅读，越容易造成一种假象：认为自己已经掌握了阅读的内容。

因为在阅读中理解的缺失，学生只能用死记硬背的方式来记忆，死记硬背也就成了重要的学习方式之一。在文科中，死记硬背知识点，用知识点的堆砌应对考试；在理科中，死记硬背题型、公式，用套题型、套公式的方法解理科问题。

这里提到的"公式"是广义的，既包括数学表达式，又包括一些定理、定律、知识点和题型解法等。这种套公式的学习方法，严重地影响着学生的学习层次。

学生在上课时把老师强调的重点知识勾出来或记在笔记本上，把老师归纳的题型解法记录下来。作业和考试时不是先分析题意，而是想这个题是不是做过？可以用哪些公式？属于哪个题型？确定后就开始套公式，套解法。

因为学生在学习中关注的是知识点，在作业中也在重点训练知识点，这样学习的结果就是在学生大脑中形成若干个"点"，再经过一定量的练习，练得多了、见得多了，学生的能力也貌似提高了，但也仅是知识点变成了知识碎片，而且这些知识碎片很容易遗忘，许多学生离开学校后不多久把在学校学的知识忘了，就与这种学习方法有关。如果在碎片的基础上再进行过度训练，碎片不断扩大，彼此连接，相互重合，就形成了面。这时，有些学生可能会悟到知识之间的逻辑关系，建立起相应的知识网络，逐渐成为高手，而多数学生或许永远也达不到这个层次，即使做了大量的题目，成绩仍然达不到优秀层次。

你懂得什么是"懂"吗?

由上面分析我们不难看出,死记硬背及套公式的学习之所以无效,是因为人们忽略了(或没有感受到)知识之间的逻辑。

人是追求逻辑的,如果找不到知识之间的逻辑,就会很不舒服,找到了知识间的逻辑或人为制造了知识间的逻辑,就觉得舒服多了。

请大家思考一个非常有意义的问题——什么是懂了?

我们每个人都有过"听懂了""明白了"的体验,请你回想一下,是什么让你觉得懂了?

我认为,**懂是一种感觉,一种逻辑上通了的感觉**。而这种感觉与对错无关。我朋友曾经讲过一个故事,在电子打火机刚流行的时候,他(一个高中物理老师)问卖打火机的老板,什么是电子,老板非常认真地回答:"电子就是一种带电的矿渣。"很显然这种回答是错误的,但是老板觉得这种说法对,没有相关知识的人听了可能会对自己说:"哦,原来电子就是带电的矿渣啊!"他也会有一种听懂了的感觉。这种听懂了的感觉和对错无关。这也是有些学生一听就懂、一做就错的原因之一。

我们再来体验一下什么是思考。**思考是大脑用逻辑把已有的知识和思考的问题链接起来的过程,思考的过程就是不断尝试链接、修改链接最终达到逻辑通的过程**。在这个过程中人们会形成新的链接——新知识或能力。当然,如果没有达到逻辑通,思考的结果就是不懂。

因此,学习中的逻辑是非常重要的。**逻辑不是知识,它也不生产知识,它所做的是给我们提供一套正确推理的规则,用来组**

织和运用知识，也就是说，是逻辑将各个知识点串联起来形成知识网络。

很多学生在学习时把知识点放在了最重要的位置，忽略了知识之间的逻辑，以致很难形成知识网络，更不能灵活应用知识。比如，高中物理人教版第一章是"运动的描述"，在学完这一章后，如果你问学生这一章的标题是什么，十有八九说不出来。而你问他这一章有哪些知识点，他会告诉你有质点、位移、时间……你再问他这些知识点有什么用，也很难有学生能答出来，有的会认为学习这些就是为了做题。很少有学生能用一套逻辑把这些知识点串联起来。如果老师能提示学生关注"描述"这两个字，或许能帮助学生建立起正确的逻辑：什么是描述？如何去描述？如果让你描述一下自己，你会怎么描述？是不是需要找到一些能够代表你的特征？比如，姓名、性别、文化程度……同样，要描述运动也必须引入几个便于描述运动的物理概念和物理量，这样，"描述"这两个字就把这些物理量联系起来了，理解到这一点，学生也就觉得"懂了""清晰了"。在教学中，我们可以让学生用这些物理量描述某一运动，比如从家去附近超市，我们可以让学生先画出物体（他本人）的运动轨迹，然后引导学生思考，要描述这个运动需要哪些能表征运动特征的物理量？要尽可能精确地描述这个运动，是不是要交代清楚哪个时刻从家出发？哪个时刻到超市？这就需要引入时刻的概念，两个时刻的间隔就是时间。是不是要交代清楚从哪里出发？到哪里运动结束？这就需要引入位置的概念，位置的变化就是位移。是不是要交代清楚运动的快慢？这就需要引入速度这个物理量。在画轨迹图时你是不是把自己看成了一个点？这就是质点……这样，在学生脑子里就建立起了知识框架，也找到了把那些基础概念连接起来的逻辑。随后再去研究位移怎么求、位移和路程是什么关系等细节，这就是**先框架后装修**。因为在装修时学生脑子里有知识框架，学起来就很容易产生一种逻辑通的感觉，学起来也更快更舒服。

当然，前面提到的套公式也是有逻辑的，"套"本身就靠逻辑，只不过是浅层次的逻辑而已。

读"事"

我在辅导中发现，造成学生成绩差的原因有很多，其中记忆的低效、阅读的无效、逻辑的缺失是非常重要的方面，如果我们在对学生进行学习指导时能充分利用视觉，引导学生关注逻辑，学习效率就会大幅提高。

苏霍姆林斯基曾说，学生的学习困难，其根源在于阅读能力的缺乏……对学习困难学生进行智育的重要手段就是阅读、阅读、再阅读。我的学习指导策略通常是通过阅读指导来进行。

老师讲课时有自己的逻辑，学生课上听懂了，也就是顺着老师的逻辑感觉通了。在课后重点训练的是知识点及其应用，这样，老师讲课时的逻辑就很快被学生遗忘了。特别是对于那些基础薄弱的学生来说，知识间逻辑的缺乏会让他们感觉这个学科太枯燥、太难学，因此也会产生负面情绪和限制性信念。为了帮助这些学生重新建立起自己的逻辑，可以**充分利用教材**，编教材的人往往是这个领域中的专家，他们会用非常严谨的逻辑来串联基础知识，并且**这个逻辑永远不会消失**。

董同学，高三学生，高一时我教她物理。有一天，她带着一本参考书到我办公室，说书中有三道物理题不会做，希望我能给她讲一讲。我看了看，这三道题主要考察的是高二物理"电能的输送"中的相关知识。

我让她在纸上写出自己掌握的有关电能输送的所有知识，她只写了两个公式，画了一个远距离输电的示意图，还画错了。我没有立即纠正，而是把纸收起来，以便和辅导后作对比。

辅导时，我没有按她的期待给她讲题，因为我知道，以她的基础，即使我讲的时候她听懂了，但很有可能建立起来的是错误的逻辑，这样，换个题目还是不会做。于是，我找出课本，指导她进行阅读。

我让她打开书，开始看第一段：

四　电能的输送

在发电厂里，煤炭中的化学能或者河流中的水流能转化成电能．为了减少煤炭的运输费用，火电厂通常建设在煤炭的产地，水力发电厂则只能建设在水力资源丰富的地方．电能输送到几百千米甚至几千千米之外的用户，在导线上会有损失，这主要是由电流的热效应引起的．远距离输电中电能的损失十分可观．怎样才能减少这种损失呢？

她看了不到一分钟，告诉我看完了。我把书收起来，让她复述这一段内容，她感到很意外，没想到会让她复述。她想了一会儿告诉我，没记住。这一次她在阅读时只关注了语言的表层结构，也就是说她只看了文字的表面意思，并没有进行深入思考，文字作为符号在脑中一闪而过，表面是懂了，其实什么也没学到。很显然，这样读书是不会有任何收获的，而现实中恰恰有很多学生都在这么读。接着，我把书还给她，让她再看，告诉她看完后还要复述。

教育工具箱

她看了一会儿，觉得差不多了，把书给了我。这次她大致能复述下来，但不完整。我问她，在复述的时候，你脑子里出现的是什么？是画面还是声音？她告诉我是书上文字的画面。我接着问，这样背诵的感觉怎么样？喜欢吗？她摇了摇头，告诉我"不喜欢"。这次看书时，她知道我要让她复述，于是进入背诵模式。她先把文字储存到大脑里，背诵时把储存在大脑中的文字提取出来，呈现在大脑里，复述时看着大脑中的文字，看清楚就能复述出来，看不清楚就连编带猜。本来完整的句子，在她复述时会丢掉或者增加一些文字。这时你会发现，有的时候她说出来的不是"人话"。这种把文字印到脑子里利用视觉的背诵方式还算是效率比较高的，因为她利用了视觉通道（视觉记得快，保持时间长）。但在这个过程中因为她只关注了表层结构，会感觉内容很枯燥，而且有了"我要记住"这个压力，大脑的记忆负担重，所以产生了不舒服的体验。

我提醒她，可以这样读：读第一句时，脑子里出现发电厂的画面，火力发电厂将煤炭中的化学能转化为电能，水力发电厂将水流能转化为电能。读第二句时，脑子里出现火车运煤的画面，要运到很远的地方，需要支付很高的运输费用。所以火电厂通常建设在煤炭产地，水力发电厂则只能建设在水力资源丰富的地方（逻辑）。大脑中的逻辑就通了，也就真看懂了。我们姑且把这叫作**逻辑上的认同感**。读第三句时，引导她在大脑中出现电厂和用户距离很远需要输送电能的画面，看到输送电能时导线发热，电能损失严重时，我问她："损失这么多电能你有什么感受？（结合）""觉得可惜。""那该怎么办？""尽量减少损失。"这样她对课本的描述就又有了一种逻辑上的认同感，逻辑通的感觉找到了。整段文字看完后，她完整地复述了所有内容，我问她："在你复述时脑子里有什么？""画面。""和刚才比感觉怎么样？"她说："舒服多了。"

这次复述时所采用的方法就是我们常说的看图说话，只不过她看的是自己脑子里的图，把脑中经过逻辑思考的图再用语言表达出来，这是非常重要的一种学习方法。

接下来她问了我一个问题："老师，这一段有什么用？"

这个问题从侧面反映出学生不重视课本阅读的原因，他们只认为公式能解题，其他的知识没用。

我问她："如果你是编书的专家，你会把一段没用的话编入教材吗？"紧接着我问她："这一段在考试的时候，可能会遇不到，那么，当你读了这一段以后，对你理解电能输送会遇到什么问题有没有帮助？"她说："有帮助，我觉得更清晰了。"

"最后一句'远距离输电电能的损失十分可观，怎样才能减少这种损失呢？'，看了这一句，你想不想知道怎样减少损失？"

"想。"

"既然想的话，是不是有一种继续往下看的冲动？"

"是。"

我们用这样的方法阅读了第二段。

很明显，她在看这段时速度慢下来了（在边看边思考），看完后我要求她逐句地讲给我听，在她讲解的过程中我不断提问题（逻辑），这时，我发现她真读懂了。在阅读时我提醒她要利用好课本插图，关键地方画示意图。课本上有两道例题，我让她把答案遮住，自己完成，她完成得都很好。

用了近30分钟的时间，我们把这一节全看完了。我让她合上书，她几乎能回忆起这一节的所有内容，很有成就感。

大量辅导证明，学生用这种方式学习几乎可以做到"过目不忘"。

读完教材以后，我们发现课后有三道练习题，我问她先做哪一道，她说先做第三道。按常规来说，最后一道难度最大，她选择做第三道，说明她很自信。就这样，她从第三道开始做，然后第二道，第一道，三道题全部做对了。

随后她拿出带来的参考书，打开后发现参考书上还有三道例题，她仍然是从第三道开始做，三道题都能独立完成，并且做对了。

最后，轮到了她要问我的这三道题。这次她从第一题开始做，前两道都是自己做出来的，第三道涉及了一些前面她掌握得不太好的知识点，我指点了一下，她也顺利地做出来了。

整个辅导进行了50多分钟，辅导过后这个学生很兴奋，因为她真懂了，她有了一种学会了的成长感。

我把关注逻辑的阅读简称为"读事"。

类似的学习指导我做了很多，我发现大部分课程可以通过这样的自学来完成，学生在自学的基础上稍加训练就可以掌握得很好。如果老师指导到位，学生的练习量可以大大减少，课业负担也会大幅度降低。

而目前的状况是，学生对新授知识思考少，与原有知识链接少，在基础不扎实的情况下去做大量练习，在做这些练习时不是广义的套公式，就是连猜带蒙（我在辅导学生时经常会跟学生说，"蒙一百遍和蒙一遍效果是一样的"），所以，有些学生即便做了大量练习，成绩仍然很低。

简单总结一下，基于NLP的有效阅读的几个主要步骤：

1. 把文字描述的内容，通过"画面、声音、感觉"的形式在大脑中呈现出来。

2. 注意知识间的逻辑关系，体会"逻辑通"的感觉。

3. 体验阅读过程中的成长感。（我学会了、我学懂了）

通过以上三个步骤，学生都会找到"过目不忘"的感觉，原本觉得枯燥的学科也变得生动有趣了。这样，既调整了学生对学科的感受，又使他树立了"我能学好！"的积极信念。因此，这种阅读方法指导是我在调整学生偏科问题时必做的。

基于学习动力系统理论的备课策略

前面我们总结出了学习动力系统理论和行为发生策略，重点提到了视觉表象、逻辑在学习中的作用。由此，我设计出了"基于学习动力系统的备课策略"，本策略包括五个环节，即：备课程价值、备知识目标、备学习活动、备检测和备反馈。

备课程价值

"价值是行为的原动力。"为了激发学生的学习欲望，老师要让学生了解到，通过这节课（或这个单元）的学习，学生能得到哪些"价值（好处）"。这个价值有别于传统意义上的教学目标，并且在表述时不需要很严谨，其目的就是激发学生的学习动力和学习兴趣。

以高中物理"正交分解"一节为例："同学们，前面我们学了力合成的平行四边形法则，这在求互成角度的两个力的合力时是非常方便的。如果一个物体受三个力，甚至三十个力呢？当然，我们可以逐个合成，但在计算时往往会遇到很大的麻烦。今天我们学习的'正交分解法'就可以轻松地解决这个问题，一旦你掌握了这个方法，无论是多少个力，你都可以轻松地求出他们的合力。"

也可以这样说："同学们，假如有一种方法，在你求多个力的合力时，不需要逐一合成，在计算时也会变得非常方便，想不想学？"

再比如"外力作用下的振动"一节，老师可以这样跟学生说："前面我们学了单摆、弹簧振子，研究了他们的运动规律，而这些都是物体在系统内力作用下的运动。这节课我们将学习一种新的运动，物体在周期性外力作用下的振动——受迫振动，了解了受迫振动的特点，很多神奇的物理现象在你眼中就不再神秘。比如，在1940年，美国第三钢索大桥被一阵微风就刮塌了，这对不懂物理的人看来是多么不可思议，学了今天的内容你就会恍然大悟……怎么样？今天的内容是不是很值得期待？"

建议老师们在这个环节上要多下功夫，这个环节把握得好，不仅可以激发学生的学习欲望，同时对老师整理自己的知识框架以及后面帮助学生搭建知识框架也有很大的作用。

备知识目标

即通过这节课的学习，学生可以学到哪些知识。

仍以"正交分解"一节为例，通过这节课，学生可以学到：建立适当的坐标系，逐一将力进行分解，求正交轴上分力的合力，再合成。用正交分解法解决实际问题……

知识目标不一定要展示给学生，但老师要做到心中有数。

备学习活动

1. 引导学生进行**学前三问**：一是看到标题你脑子里出现了什么？二是猜一猜老师（课本）会讲什么？三是可能学到什么？

如"正交分解"，看到题目，我知道"正交"指的是垂直，"分解"是求分力，或许这节课会学到一种新的分解力的方法。

在这个环节中，告诉学生不必太在乎脑子里出现东西的多少、猜得对错，也不要为猜不出而有压力。设立这个环节，是为了引导学生能主动思考。

2. 搭建框架，建立逻辑。授课采用**框架优先**的策略，先搭建知识框架，让学生对即将学习的知识有一个相对完整的认识，再关注细节，做精加工。这种授课模式简称"先框架后装修"。

"正交分解的目的是合成，将不在一条直线上的若干个力分解到互相垂直的两个方向上，便于求合力。"

3. 装修。精确细节，如何建立坐标系，如何分解，如何求合力……

备检测

口头提问和课堂练习都属于检测。通过检测，老师可以了解学生的心灵地图，了解学生的理解情况。

口头检测时可以采用下述语句：一说××，你脑子里出现了什么？

"一说'电场力做功'，你脑子里出现了什么？"

"一说'电磁感应'，你脑子里出现了什么？"

备反馈

此反馈指的是为学生提供反馈。正向反馈为学习提供持续的动力。积极正向的反馈是破解学习上的习得性无助的有效方法。通过反馈让学生了解自己的学习情况，看到努力的成果，获得持续的动力。

反馈主要包括三个方面：一是对学会部分的肯定，二是对没有学会的部分进行纠正，三是检查学习收获。

在操作中，老师要特别注意反馈必须是积极、正向的。其中一、三项基本没有问题，关键在第二项，我们可以从培养成长型思维的角度赋予错误积极的意义。以作业为例，作业的目的不是为了全对，而是通过作业了解自己哪些知识已经掌握了，哪些方面还有欠缺。**作业中的错误也是努力的成果**，这些错误让学习更有针对性，一旦将这些错误解决了，你就进步了（参照学习的四个层次）。这样错误就成了学生学习的宝贵资源。

我们可以设置一个小环节来检查学习收获，在课程结束前，老师再引导学生：学完后，看到标题，你脑子里出现什么？学生往往会发现，这时再看标题，脑子里面有了很多东西，他会发现这节课的收获是很大的，会有满满的成就感。

至此，教育工具箱的内容就给大家介绍完了，这些理念和工具就像一个个积木块，是老师做学习指导的基础，可以根据学生的实际，依照我们的逻辑搭建出各式各样的模型，带给学生实实在在的帮助，大家可以从本书最后一部分的"实践与分享"中体会到这一点。当然，你也可以通过"实践与分享"的学习，了解如何灵活地应用这些理念和工具。

实践与分享

为了让大家更好地理解和应用NLP的基础理论和技术，我在接下来的实践与分享中介绍一些实践案例，供各位学习参考。此篇共分四个部分：一是2018年11月我受邀为腾冲四中部分初、高中学生进行学习心态调整和学习方法指导的培训实录；二是2018年底我录制的"NLP智慧家长微课程"的部分内容；三是我和"NLP与教育整合"爱好者的一些辅导案例；四是参加过我的课程培训的老师的一些体验与感受。

一、学习如何学习

各位老师、同学：大家下午好！

　　非常感谢杨校长的盛情邀请。我这是第一次来腾冲，最初知道腾冲是看了一部电视剧《我的团长我的团》。据说这部电视剧是在腾冲拍摄的，所以我很早就想到这里来看看，这次终于得偿所愿。

　　我来自河北唐山，同学们听说过唐山吧？唐山有一个著名的小品王叫赵丽蓉，不是赵本山，赵本山是东北铁岭的。可能在座的同学还是年龄小一点儿，看她的小品很少。另外，冯小刚曾经拍过一部电影叫《唐山大地震》，这听说过吧！1976年在唐山发生了7.8级强烈地震，震亡24万人，我就是这次地震的幸存者之一。

　　我以前在河北省唐山市丰南区第一中学工作。我在这个学校工作了30年，做了15年主抓教学的副校长。去年我辞去副校长职务，到北京新学道教育集团任培训部主任，主要做家长培训、教师培训和学生培训。

　　去年的12月，因身体原因，我又从北京新学道教育集团辞职回家，在我们老家创办了"NLP家庭教育指导中心"和"NLP学习指导中心"，主要开展家庭教育指导和学习指导。具体什么是NLP，今天我不讲了，但是我希望你能在笔记本上记上这三个字母——NLP。或许在多年后翻到这个笔记本，看到这三个字母的时候，你就会想到曾经有一个高人（我身高1.9米）给你们讲过NLP。我为什么要大家记下来？因为这是一门非常好的学问，如果你将来有机会学到这门学问的话，它会影响你一辈子。

十几年来，我主要研究NLP与教育整合，也就是把NLP的理念、方法与教育教学结合起来，用来解决一些学习上的"疑难杂症"。

第一是偏科的矫正。在座的有没有偏科的同学，举一下手。（绝大多数同学举起了手）对于偏科，你觉得想要追上来是容易还是比较困难？（困难）是的。我们按传统方式解决偏科问题是很困难的，但是将NLP应用到偏科的调整以后，偏科的矫正就变得很简单了，一会儿我们会讲到这个问题。

第二是考试焦虑的调整。在座的同学有过考试焦虑的请举手。（绝大多数同学举起了手）好的，请放下。

第三是学习方法指导。怎样学习更高效？我认为每个人都有过目不忘的本领，每个人都能学好任何一门学科，包括你偏的那一科。今天，我要向大家介绍"两本书学好任何一门学科"的方法。

第四是学习动力的激发。

好了，我们先来看几个案例。

先说偏科。一个2011年升入我校高一的女生，她入学后的第一次阶段考试（升入高一1个月左右）中物理考了37分，物理单科成绩在年级排第916名，全年级1500人左右，她的总成绩排第359名。期中考试，她物理考了38分，物理成绩在年级排第940名，总成绩排第398名。怎么样？她的物理成绩是不是很稳定？（学生大笑）成绩稳定在37分、38分。

(17) 359	董××	104/ 293	106/ 456	127/ 36	37/ 916	87/ 48	70/ 263
(18) 398	董××	104/ 215	99/ 532	114/ 221	58/ 940	74/ 125	94/ 26

她的外公是我的同事，找到我说希望我能给这个学生做辅导。我仅对她进行了一次辅导，共40分钟，她期末考试物理考了75分，物理成绩年级排第242名。由于物理成绩的提高，她的总成绩排名也提高到第236名。

(14) 236	董××	98/ 338	101/ 248	118/ 174	75/ 242	82/ 357	46/ 341

2014年她参加高考，理科综合考了226分。226分是什么概念呢？我们学校（丰南一中）在当地同类校中是升学率最高的学校，理科综合的平均分也最高，那一年我们学校的理综平均分是206分。也就是说她比全校的平均分高了20分，由此可以推测她的物理一定不会只考了30多分。

董××	125	118	140	226	609	609

类似这样的辅导，我做过很多。学生按我的指导去做了，成绩就提高了。当然，如果今天你认真听、回去后积极实践，这些奇迹就会在你身上发生。

接下来我给大家举一个考试焦虑调整的例子。彭同学是丰南一中2015年参加高考的高三文科学生。她在唐山市的第三次模拟考试（当年在5月10日左右）中，数学考了91分。

他父亲是我的同事，说她一到数学考试就紧张，希望我能给她做辅导。在辅导时我问她，如果正常发挥的话这次考试能考多少分？她说能考120分。很显然，她是学得好考不好。她说从初三开始

实践与分享

一到数学考试就焦虑。我给她做了一次辅导。距离高考还有两天的时候，他父亲又找到我，说她还想跟我聊聊。我说过来吧！当年的文科考场不设在我们学校，她要到另外一所学校去考试，因此有很多的顾虑，希望我能给她出出主意。见面后辅导了20多分钟，我问她考试焦虑的问题解决了吗，她说没问题了，然后她就回去了。

当年河北省是6月23日公布高考成绩。她爸爸查到分数后，第一时间打电话向我报喜，我问喜从何来？他说，孩子数学考了134分，高考总分613。

列举以上案例，我只是想告诉同学们：在学习时一定会遇到困难，这些困难都是可以解决的，只要你肯积极想办法、找资源。遗憾的是很多同学遇到困难的时候，就不再往前走了，就退缩了，第一次遇到困难退回来，第二次遇到困难再退回来，这样就会停滞不前。我在辅导时经常说这么几句话，不知道在座的各位同学同意不同意，第一句话就是，**每个同学都希望自己获得好成绩**。同意的，请举手。（全体举手）同学们都认同我这个说法。第二句话是，**每个同学都有能力获得好成绩**。同意的，请举手。你看有些同学不敢举手了，是不是觉得目前你的成绩不太理想？那请你再想想，从小学到现在的求学经历中，有没有一个时间段成绩很好？几乎所有同学都有过学习好的经历，这说明你有能力获得好成绩。第三句话是，之所以**现在成绩不理想，是因为暂时遇到了困难**。也就是说，你现在成绩不好，不是你的能力不行，不是你不够聪明，而是你在学习上遇到了一些困难，这个困难，你暂时解决不了，或许你们身边的老师也解决不了。但是我要告诉你，你只是遇到了困难而已，不代表着你不行。今天我就要教会大家一些方法。

我们再来看一个案例。今年五一，我在唐山市丰润区恒之华书社给初三、高三的学生和家长讲了一堂公益课——高（中）考来了，我们应该怎么办？。有名九年级的学生和她妈妈一起听了那堂课。今年暑假的时候，我又在我的工作室做了一场公益讲座——如何激发孩子的学习动力。这个孩子的妈妈很早就来到我的工作室，跟我说："范校长，我这次是专程来向您表达感谢的！"原来，她女儿在五一听了我的讲座后，成绩不断提高。在五一听讲座的时候，据老师们估测，她的成绩距车轴山中学（当地最好的高中）的录取分数线差40多分。听了我的讲座以后，成绩不断提高，中考成绩超过车轴山中学录取段8分。大家可以算一算，从五一到中考多长时间？中考在6月21日是吧？也就不到两个月的时间，她就发生了这么大的变化，而这个学生仅仅听过一场讲座。我跟大家讲这个案例，就是希望你认真听，认真记，认真体会，并把我教的方法用到学习中去，你的成绩也会有大幅度提升。此外，今天的课很烧脑，需要你不断地思考。

现在是知识爆炸、科技发展非常迅速的时代。认识右面图中的这个东西吗？这是京东配送机器人。干什么用的？对，送快递的。大家都知道，有一个职业叫快递小哥，快递小哥的出现就是近几年的事儿。现在呢？不再只有快递小哥，还有了"快递小车"，快递小哥每天送两百单左右，它可以送一千单。现在京东不仅有快递小车，还有无人驾驶飞机，用无人驾驶飞机配送货物。此外，不知道同学们是否听说过，无人驾驶公交车已经开始在深圳试运行了。没听说过呀？咱们还是要看一些新闻，了解一些前沿的科技资讯，特别是我们学理科的。在座的同学是不是都坐过公交车？公交车前面是不是有驾驶室？驾驶室要坐一个司机对吧？好，假如某一天你在腾冲大街上等公交车，来了一辆，你上去后发现驾驶室没人，它还能往前跑，方向盘还会时不时地动一动。你觉得会是怎么回事？（闹鬼了）好，别说闹鬼了，咱们不讲迷信，这是科技的力量。

前段时间我一个同学的孩子股骨头坏死，在北京积水潭医院做的手术。手术是机器人做的，做了整整八个小时，手术非常成功。

同学们是幸运的，因为你们赶上了这个科技飞速发展的时代，你们大学毕业以后，面对的社会舞台、奋斗平台非常大，而且科技会给你们以有力的支撑，将来你们发展到什么程度不可限量。我希望同学们多了解一些科技前沿的东西，提早进行生涯规划，为自己树立清晰目标。

今天，我要跟大家分享四部分内容：清晰的目标，坚定的信念，积极的心态，科学的方法。

清晰的目标

学习必须有清晰的目标，没有目标的学习就是在浪费时间。学习是脑力劳动，脑力劳动只有主动才起作用。有一句话叫我管得了你的人，管不了你的心；还有一种说法叫身在教室心在（操场），你看，你都说出来了吧！如果是体力劳动，我们可以看得到做没做、做得好不好，但是脑力劳动是看不到的。这就是我说的脑力劳动只有主动才会起作用。当我们有了明确的目标、主动投入学习的时候，产生的力量以及学习的效率，与没有目标、不主动时产生的力量以及学习的效率是有天壤之别的，所以我们要有目标。

第一，目标要清晰明确，让目标清清楚楚地展现在你的眼前。

有的同学说，"我有目标，我要考一个重点大学，我要考985、我要考211"。985和211有那么多所学校，你说要考985和211，我说这不叫目标，充其量叫作想法。目标是什么？大家看一看这两个字，第一个字是目，目是什么呀？是眼睛。标是什么？是标志。目标是我们可以看到的。所以我在目标前面用了一个修饰词"清晰的"。上个月我给我们当地一所中学的高三学生做培训，培训结束后有一个女生跟我说，"老师，我有目标，我的目标就是厦门大学"。我问她，"厦门大学有几个校区？厦门大学主校区有几个大门？它有多少个博士流动站？它有哪些在国内知名的专业？你为什么钟情于厦门大学？准备读什么专业？"当我问这些的时候，这个同学一脸茫然。在她的脑子中，只有"厦门大学"四个字，她只知道厦门大学比较好。这样的目标是不清晰的，也很难给她带来动力。

如果你树立了目标，我希望你能把它写下来，然后在网络上查一查，如果有机会的话，可以到实地去看一看，让你脑子里的目标学校丰富起来，生动起来，清晰起来，这样目标才会对你有吸引力。

第二，目标制定要"取法乎上"，让目标激发你的责任感和进取心。

若干年前，我们学校接待一个美国游学团，这个游学团是由校董、老师、家长、学生组成的，共有十几个人。学校安排我为这个游学团介绍学校的情况。我介绍完后，对方的校董向我们介绍了他们学校的情况。这个校董一开口，我就觉得汗颜！因为什么呀？我们跟他们的差距太大了。我们落后的不是设备，落后的是理念，落后的是育人目标。

想想我们的育人目标是什么？让学生学会求知、学会生存。但是，他们的办学目标是培养行业领军人物！各位同学，这也是一所高中啊！后来我去北大参加一个自主招生说明会，北大的招办主任介绍说，北大的育人目标就是培养行业领军人物。我们顶尖大学的培养目标和他们高中的一模一样，这差距太大了！成为行业的领军人物，和我将来要考一个好大学、找一份好工作，哪一个给你的力量更大？

我再给大家讲一个真实的案例。我在山西省介休市第一中学辅导过一个学生，他在高考前有些焦虑，想学习但就是提不起劲来。找到我以后，我就问他有没有自己喜欢的学校，他说有，兰州交通大学。我问他是出于什么样的思考决定去这个学校。他说这个学校的动车专业在国内非常领先。紧接着他又说了一句话，毕业后好找工作。我说："你知道吗？中国的动车技术在世界都是领先的，你是不是可以考虑一下，通过自己四年的学习，在工作中不断地进取，不断地探索，为中国动车事业做出一些贡献呢？假如在中国的动车上用到了你的发明，会怎么样呢？"我接着讲，我曾经遇到过这样一个北京人，他的儿子在北京海淀区的一所重点高中上学。当年孩子高二，生物在最近的一次考试中只考了29分，经朋友介绍来唐山找我辅导。辅导时孩子告诉我，他爸爸是研究动车的，动车上就用到了他爸爸的发明专利。"科学家就在身边，你也可以成为科学家！"当说到这儿的时候，我发现这个同学的腰板都挺直了。

可见，一个清晰明确的目标带给人的力量有多大！

第三，未来预演，让目标更有力量。光有目标是不行的，力量还不够。为了让目标更有力量，我们要问自己一系列问题：如果目

方法对了，教育就简单了

标实现了，我能看到什么？我能听到什么？有什么感觉？就比如前面提到的那个想考厦大的同学，她就要问自己，如果我考上了厦门大学，我会看到什么？她可能看到自己去厦门大学报到的情景，她可能看到来自全国各地的很多同学，看到自己坐在教室里跟他们一起学习，一起交流，或许还可以看到自己在不断地成长……这时，她会感受到更强大的力量。

第四，为实现目标积极想办法、找资源。同学们想一想，对你来说最直接的资源是什么？（老师）老师是吧？当你把老师看成你实现目标最直接的资源时，在你心目中老师的位置是不是更高了？当你这么想的时候，是不是感觉老师更亲切了？有一句话叫作"亲其师，信其道"。跟老师有一种亲近感，你将从老师那里获得更多。

有同学说"我就讨厌某个老师"。同学们想一想有没有讨厌过的老师？有的话，请举手。（很多同学都举手了）请放下。请你想一想，当你讨厌某个老师的时候，你的这个学科学得怎么样？是不是成绩会受影响？所以，我建议你尝试着去看一看老师身上有哪些能够被你利用的地方，看看老师可以给你提供哪些资源，多看老师做得好的那些方面。当你跟老师的感情越来越亲密的时候，你就能更信服老师，从老师那里学到更多的知识，老师也就会为你的成才提供更大的帮助。

曾经有一个考入了清华大学的女生，她在高三的第一学期是高三1班的班长，班主任是英语老师，很喜欢她。因为她的成绩非常优秀，学校为了重点培养她，在高三的第二学期，把她调到了高手云集的高三2班。很巧的是，她原来的班主任也教2班的英语。由于调班的事，英语老师有些情绪，开始不愿搭理这个学生。让人没想到的是，这个学生感受到了老师的情绪，于是每天下午自习课时间，都会带着问题去找老师，连续一个多月，一直到老师像以前那样喜欢她……

第五，让目标给你带来持续的动力。有人说，我定目标的时候动力很足，过了一段时间就没有动力了。有没有这种情况？（有）那么，怎么样才能让目标带给你持续的动力呢？现在流行一句话"不忘初心，方得始终"，大家都熟悉吧？然而，很多人只是念念而已。初心是什么？初心就是最初你制定目标的时候，你内心想象到的当你的目标得以实现时，你看到的、你听到的、你感觉到的。当我们觉得目标给我们的动力不足时，就问问自己：当目标实现了，我能得到什么？这时你看到了什么？听到了什么？有什么感觉？当然，保持持续的动力，NLP还有一套基础的方法：跟自己比、及时地给自己积极的反馈。后面在积极学习心态中我会讲到。

当然，在行动的过程中还可能出现这种情况：有了目标，但是后来发现自己成绩越来越差，离目标越来越远，于是就不敢再想目标了，陷入一种失望和无奈的情绪中。前面提到的那个想考厦大的女生就遇到了这个问题，她说确立了厦大的目标后动力十足，学习状态也很好，每天感觉很充实。可是过了一段时间后发现成绩并没有提高，考试名次也不如以前，就觉得自己离考厦大越来越远，她说现在都不敢想厦大这个目标了。说到这些的时候，还不自觉地流下了眼泪。我猜想，她的眼泪中既有遗憾也有压力。我对她说："把你的目标换一个词吧，我们不叫目标了，改叫梦想吧！"**梦想是用来追求的**，不是用来实现的，只要它能带给你力量。若干年后，想一想高三曾经有过一段追梦经历，也是很幸福的。

我经常说，年轻人贵在有梦。现在没有梦的年轻人太多了，他关注的、看到的，只是眼前，没有未来。"一个人的想象应该超过他的能力，不然为什么会有天堂？"这是罗伯特·勃朗宁于1855年所作的一首诗的诗句，有点儿意思吧？如果你的想象没有超过你的能力，会有天堂吗？一个人的想象，如果不能超越他现实的能力，他就会停止学习，他的生活就会变成简单的求生。因此，**人贵有梦，有梦就有未来**。同时，每个人都有做梦的权利，并且**"每个人都有做美梦的权利"**！有梦想，这是你的权利。我还总结出一句自己觉得更有哲理的话："**我们不能控制夜间做噩梦，但是我们可以选择白天做美梦。**"既然美梦可以带给我力量，我为什么不好好利用这份力量呢？即使将来这个梦想没有实现，当你回忆起自己在初中或在高中也曾有过一段追梦的经历，不也很美好吗？

坚定的信念

坚定的信念，就是我们要相信自己能够学会，相信自己一定能够学好。前面我给大家举的那些案例，不是想炫耀我这个人有多么厉害，我是想让你知道，这些奇迹确实在别人身上发生过。既然别人能，你也能。

有些同学是被自己的思想限制住了。同学们听说过印度大象的故事吗？要拴住大象，只需要一根很细的锁链。大家知道，大象的力量是非常大的，对不对？一条细细的锁链怎么能拴住它呢？这要从一只小象说起。小象刚出生的时候，它的力量也是很大的，那时候要拴住它就需要用非常粗重的锁链。为什么呢？因为一开始拴它的时候，它一定会拼命挣脱，如果锁链太细，很快会被挣脱开，所以驯象人就会用一条粗重的锁链拴住它。小象在挣脱时发现挣脱不了，再挣脱还是不行，这样，经过一段时间后，它就知道了"无

论怎么挣扎，我都是挣脱不了这条锁链的"。于是产生了限制性信念，放弃了挣扎。这时即使换上细锁链，它也不再挣扎。同学们想一想，真正拴住大象的是什么？对了，是它脑子里边的限制性信念。前面我提到的物理考37分、38分的那个同学，在接受我的辅导之前，她脑子里是不是也有这样一个限制性信念——我学不好物理。她真的学不好物理吗？很显然不是，因为她高考理综考了226分。

有的同学头脑中的限制性信念来自家长和老师对他们的评价。有时老师或家长会灌输给他们一些信念：你就是学文科的料，你学不好理科……其实不然，每个人大脑的结构都是差不多的，既然他能做好，你也行。我曾经辅导过一个高二的女生，老师说她没有数学细胞，我特别想问问这个老师，数学细胞和语文细胞有什么区别。经过我的一次辅导，原来数学成绩稳定在60—70分的她，辅导后的一次大型考试中数学考了90分，一个月以后的期中考试，数学考了120分。

我们再来看一个案例。我们学校高二的一名男生，在高二第一学期的期中考试中物理考了32分，你觉得他是学物理的料吗？他来找我做辅导，见到我的第一句话就是："老师，我学不好物理。"好，同学们想一想（你想你自己就行了），假如你认为自己学不好哪一科，你会怎么去学这个科目？于是我就问他："以前你是怎么学物理的？"他说："我几乎不学，上课听不懂，我就不听，下课作业不会做，能拖就拖，实在拖不了了我就抄。""在这种情况下，你不考32分，你还能考多少？老师还要告诉你，32分中还有十几分是你蒙的。"我跟他开玩笑地说。大家想是不是这种情况。我在高中工作了30多年，学习这点事儿我很清楚。

我对他说："你觉得自己学不好物理，对吧？请你把这句话改写一下！"大家一块来体验一下我辅导的过程，也请各位在笔记本上写上这句话："我学不好物理！"写完了体会一下感觉。看到这句话感觉怎么样？接下来我们把这句话改写一下，在前面加上五个字"到目前为止"，"到目前为止，我还没学好物理"。来，大家自己念念，体会这两句话有什么不同？念完第二句话以后有什么感觉？第一句话是不是意味着我永远学不好物理，而第二句话是说我以前没学好物理，以后还有希望。在辅导时，我让这个学生读了第二句话后，他觉得以后可以学好物理了。接下来我就问他：

　　"怎么做，可以学好物理？"

　　"上课认真听讲，下课认真做题。"

　　其实我知道这种说法很套路，他虽然这么说，在他做的时候可能还会遇到很多困难，有可能做不下去。但是，我接着问他：

　　"你希望物理成绩提高到多少分？"

　　"希望提高到60—70分。"

　　"如果你的物理提高到60—70分，你的总名次会提高到多少名？"

　　"能提高到300—400名。"

　　"如果你的总名次提高到300—400名，你会把这个好消息告诉谁？"

　　"我会告诉我爸爸、妈妈。"

　　"当你把自己的进步告诉了你爸爸、妈妈，你爸爸、妈妈听到这个好消息后会有什么表情，他们会说些什么话？"

　　"他们会为我高兴，也会表扬我。"

　　"现在你把他们高兴的表情在脑子里想象出来，想象着他们对你说的话，你有什么感觉？"

"我很高兴。"

"你还会把这个好消息告诉谁？"

"告诉我的姥姥、姥爷。"

"你姥姥、姥爷听了以后会怎么样？"

"他们也会很高兴。"

"想到他们高兴，你有什么感觉？"

"我也很高兴。"

"还会告诉谁？"

"我的物理老师。"

"你的物理老师听了会有什么反应？"

"她会表扬我。"

"看着老师的表情，听着她表扬的话语，你有什么感觉？"

"我感到很自豪。"

"你现在感觉怎么样？"

"很好！"

"那么，为了把物理成绩提高上去，你在物理上努努力，你觉得值不值？"

"值！"

这时候怎么样？他还会想自己学不好物理吗？对，他想的是学好物理带给他的成就感。

接下来我辅导了他学习方法，他按我的要求去做了，期末考试物理考了70多分。具体的学习方法后面我会给大家讲。现在我只提一点，对于偏科的学科，往往基础是比较差的，想想你自己有没有弱科，对于这一科来说，你上课听讲的效率高不高？（不高）因为很多东西是听不懂的。听不懂的话会怎么样？就会走神。因此，如果某个学科的基础比较差，上课的效率就会低，课上的时间就会被白白浪费。

怎么办？是不是要把上课的效率提高上来？我教大家一个方法。通常很多同学学习时的顺序是这样的：上课听讲，做作业，作业遇到困难再翻书。因为你基础本来就差，上课听讲的效率很低，做作业的时候会发现不会做，做作业的效率也低，于是就开始翻书、翻笔记，去找相关的知识点和公式，这样看书的效率也很低。很多同学作业写到晚上十一二点，就与这个有关。所以，对于偏科学生来说，按"听讲—作业—看书"这个顺序学习，效率是很低的。要提高效率也很简单，把上面这个顺序调整一下，改为"**自主学习—听讲—作业**"。先自主学习（后面讲方法），学习时你会发现80%以上的内容你是能学会的。然后在这个基础上听讲，前面你已经学了一遍了，在听讲的时候你等于在学第二遍，上课的效率自然就高了。接下来做作业，因为之前已经学习两遍了，再做作业，会不会很顺利？这时候作业里面我们发现的问题才是真正的问题，带着这些真问题去问老师、问家长、问同学，你会发现问题少又易于解决。其实有的时候我们真的低估了自己的能力，教科书本来就是专家编给学生看的，课本上很多东西我们都能看懂。全依靠老师或同学讲给你听，你会很被动，感到问题很多，压力很大。在这种情况下遇到困难就很容易放弃，造成偏科，还形成了限制性信念——我不是学某科的料。如果在自学的基础上再去听老师讲课，这时候听讲就变成主动行为了。原来是老师讲什么我听什么，为什么要这样讲、下一步要讲什么都不清楚，只是追着听。现在是我在主动听，带着疑惑，带着思考，目标明确，思想敏锐，注意力集中，主动听我所需要的，看老师是怎么讲这个问题的，这时你的学习效率自然就提高了，信心就会越来越强。

学习总会遇到困难，遇到困难不等于我们学不会。同学们想一想，在学习中遇到的困难可不可以解决？（可以）对呀！你解决不了还有资源呢，谁是资源？老师是我们的资源，同学是我们的资源。所以，当你学习遇到困难的时候，查查资料、问问老师、问问同学，总是可以解决的。并且，当我们把遇到的困难解决了以后，我们会很有成就感，学习也在进步。

这个学生就按照我的方法去做了，自学不懂的就去找老师问，到期末考试的时候，他的物理考了70多分，目标真的实现了。

我讲这两个例子是要告诉同学们，一定要有坚定的信念，在学习上不论遇到什么样的困难都是可以解决的。

相信自己能够把弱科赶上来，是解决偏科问题的前提。接下来积极想办法，找资源，解决弱科不是很困难的事。我做过很多案例都说明了这一点。

前面我给大家讲了要有清晰的目标和坚定的信念，有了目标，有了信念，我们还要有战胜困难的毅力。什么是毅力？毅力是当我们遇到困难甚至想要放弃时使我们坚持下来的力量。怎样才能得到这份力量呢？方法就是：**想象加上对自己的信任**。想象什么？想象你的目标实现时，你看到了什么，听到了什么，感觉到了什么。相信什么？相信自己能行！把前面清晰的目标和坚定的信念总结到一块，毅力就出来了。

积极的心态

创造积极的学习心态是一个非常重要的内容。右图是我前面提到的被老师说"没有数学细胞"的女生接受辅导时的记录。高中数学满分150分，她在辅导前数学经常考六七十分，所

学语文	学数学
爱听	不爱听
轻松	紧张 压抑
自信	不自信
愉悦	烦躁
不累	累
有兴趣	没兴趣

以真的很差，而且连续多次考这么多分，说明她的成绩也很稳定。我问她最喜欢哪一科，她说最喜欢的是语文，最差的就是数学。于是我说："现在脑子里面，出现你学语文的情景，看这个画面，有什么感觉？"同学们也一块儿想，学习你最擅长的学科时，是不是轻松的？是不是自信的？看这个同学给我的答案：爱听、轻松、自信、愉悦、不累、有兴趣。切换频道，想一想你偏弱的那个学科，体会一下感觉。有人说郁闷，有人说头疼。好，这个同学说的是不爱听、紧张、压抑、不自信、烦躁、累、没兴趣。你的感觉跟她是不是也差不多呀？我相信都是差不多的。我再问同学们一个问题：对于这个同学来说，她是学语文的效率高，还是学数学的效率高？（语文）你是不是突然发现了一个秘密？怎么学习效率才高？很显然，当我们感觉轻松、愉悦的时候学习效率是高的，而当我们紧张、压抑的时候学习效率是低的。那么，要想解决那个弱科的问题，在学习的时候要让自己保持轻松愉悦的心态，这样就能学好。

怎么做可以让自己保持积极的心态呢？

首先给大家介绍两种思维模式，这是美国斯坦福大学的研究成果，其中一种思维模式叫成长型思维，另外一种思维模式叫固定型

思维。把这名字记下来：成长型思维和固定型思维。

　　我们来看一下这两种思维模式有什么不同。成长型思维的人认为大脑就像肌肉，你越训练它，它越会生长。同学们想一想，我们要练肌肉，会怎么练？是不是要逐渐增加强度，肌肉才会生长、强壮？没有哪个举重运动员在锻炼的时候总是拿一个小小的杠铃或者哑铃去练习。大脑也是这样。而固定型思维的人认为，人的智力和能力是一成不变的。换句话说，就是人的聪明程度是不变的。各位听没听说过一个名词叫智商（IQ）？当心理学家把IQ这个概念提出来以后，人们欣喜若狂，认为找到了决定一个人成功的要素，也就是一个人的IQ越高，他的成功概率就越大。于是有些科学家对一些不同IQ的人追踪了20年，20年后得出来的结论让他们大失所望，因为他们发现人的成功跟IQ没有半毛钱关系。后来又提出了情商（EQ）的概念，还有其他的Q，现在咱就不说了。我们想一想在小学的时候，你学数学、学英语有没有遇到过困难？我估计应该是遇到过。如果让你现在去做小学的那道数学难题，你觉得难还是不难？（不难）这说明通过学习，人的智力和能力都会有所发展。曾经有人问我："老师，学习有什么用啊？就数学来说，高中我要学函数，大学我要学微积分。将来去市场买菜，我不需要用函数，会简单的加减乘除就够了，为什么还要学那么多？这不是在浪费时间吗？并且，我学的那些知识如果不用，就会随着时间的推移逐渐忘了，那我学这些有什么意义？"现在各位同学知道有什么意义了吗？它可以让你更聪明，让你更有能力，这就是学习的意义。

　　我们继续来看成长型思维。成长型思维认为大脑就像肌肉，你越训练它，它就越能生长。接下来这句话对同学们更重要，是什么呢？大家都知道大脑有神经元，神经元链接越多越聪明，是不是？

方法对了，
教育就简单了

成长型思维认为大脑神经元链接的形成与加深，大多数是做一些困难的事和犯错误的时候，而不是重复做一些简单事情的时候。这句话，同学们一定要认真体会。我们学习的时候会不会遇到困难？会不会犯错误？我做辅导的时候，有很多同学跟我说："老师，如果我学习很顺利，我就爱学；经常遇到困难，我就不爱学了。"你知道遇到困难就放弃的结果是什么吗？你丧失了很多让你变得更聪明的机会啊！科学研究表明，只有你在做一些困难的事和犯错误的时候，才会变得更聪明。现在请大家告诉我，学习中遇到困难是好事还是坏事？（好事）对！可是，经常有同学对我说："老师，我还是希望考试能得高分。"我说："你想得高分太容易了。让我来教你，我是教高中物理的，我可以保证你每次都可以得满分。"那个学生就跟我说："老师，您这么牛？"我说："不是老师教的牛，是老师出卷牛！"好，我现在就给大家出一套高中物理卷，我看你能不能得满分？1+1=？ 2+3=？……每次考试我就出10以内的加法，告诉我，你能不能得满分？就这样训练你三年，估计到高考的时候你连10以内的减法都不会做了。我举这个例子，就是叫大家去体会刚才的那句话，"大脑神经元链接的形成和加深，大多数是我们做一些困难的事和犯错误的时候"。如果认可了这个观点，当我们犯错误、遇到困难的时候，还会被负面情绪支配吗？我们会觉得遇到困难是在锻炼我们的大脑，相信自己一定可以从错误中找到属于自己的那份价值。

　　好，请大家继续记下一句话。开始我叫大家记了三个字母，还记得吗？（NLP）对，NLP。NLP中有一条重要假设，叫"**凡事发生必有助于我**"。记下来了吧，请大家一起念一遍这句话。什么意思呢？就是无论发生什么事，在这件事中一定有属于我的那份价值。

其实大家还熟悉一句话："从哪里跌倒，在哪里爬起来。"但这不是NLP思想。NLP怎么讲？**"跌倒了，捡点儿东西爬起来"**。别跌倒了就拍拍土爬起来了，那样你不就白挨摔了嘛！

跌倒了，捡点儿东西爬起来。

凡事发生必有助于我！

我遇到困难一定有助于我，这道题我做错了，一定有助于我。

我再问一句，我们是不是有做错题的时候？当我们做错题或者这道题没做出来的时候，是不是会有一种挫败感？这叫消极心态。你想一想，一道题没做出来，在做的过程中，你有没有思考？一定有，是吧？只要你思考了，你就有收获。

一道题没做出来，并不是这道题涉及的所有知识你都不会，只是某一两个点有问题，我们把它叫作欠练点。欠练，我们加强训练就行了。找到了欠练点，就是在提示你在这些点需要加强，这时我们是在进步，是在成长。所以我要告诉大家，即使某道题你苦思冥想都没做出来，你的苦思冥想仍然有意义、有价值，那是在锻炼你的大脑。

既然"凡事发生必有助于我"，困难会让我变得更聪明，犯错误的时候能够让我变得更聪明，那么拥有成长型思维的人做事就不容易放弃。那种认真研究、认真思考后解决了困难的感觉，是不是很好？因此，拥有成长型思维的人更能从过程中体验到快乐。

我们再看固定型思维会怎么样。固定型思维的人往往害怕失败。因为他担心自己看起来不那么聪明、比较愚钝，因而拒绝接受挑战、不愿面对困难，总是找理由躲避困难。因为他不去面对困难的时候就不会失败，就可以避免在别人面前丢脸。请同学们判断一下，你觉得对你或对你一生的成长来说，是成长型思维好，还是固

定型思维好？聪明的你会选择把自己培养成一个具有成长型思维模式的人，还是具有固定型思维模式的人呢？（成长型思维）

一旦建立了成长型思维，**题目不论做对了还是做错了，我都在成长。遇到困难、犯错误的时候，我也在成长。**所以，建立成长型思维，让自己拥有积极心态，你就能取得更大进步。

下面我教大家一些具体的培养积极心态的方法。烧脑的话又来了，请大家认真听我说。

第一句话："**到目前为止，你的学习水平是一个定值。**"同意这种说法的，请举手。我发现举手的人不多。请注意这五个字："到目前为止。"也就是到此时此刻，你的学习水平是一个定值。有同学说，我以后还可以继续提高，那是以后的事。我说的是到目前为止，理解了吗？（理解了）成绩比较好，就是这个定值比较高，有些同学的成绩不理想，相对来说这个定值比较低。但无论高低，这都是现实，你都得接受，这叫正视自己，面对现实。

第二句话："**如果你是高中生，那么到高考时你成绩的高低，如果你是初中生，到中考时你成绩的高低，取决于什么？取决于你从现在到高考或者中考时的进步。**"这句话能理解吧？（能）请大家注意，我们不能改变这个定值，因为这个值是由你以前的学习状态决定的，你无法让时光倒流。我们能够把握的是什么呢？在未来学习中我们的进步，对不对？想通了这一点，我们今后的努力方向是不是就明确了？就是争取到高考或中考时有更大的进步！

第三句话："**从现在开始，不再关注分数和名次，改为关注我的进步。**"有人说，老师，你这里明显有矛盾，进步不进步还不是要看考试的成绩和名次的变化？原来我考80分，现在考了90分，我提高了。原来考80名，现在考到90名我退步了！平时你们是不是这样衡量自己是否进步的？（是）那我告诉你，这是错的。

第四句话："**学习是否进步，只有你自己知道，而你的成绩和名次未必知道。**"请把这句话记下来。我给大家做一个解释，来看右图。比如，高考要考的知识点就是整个圆里面的内容，有没有这种情况，你在①这一部分进步了，考试的时候考的是②这一部分，有还是没有？（有）特别是我们到了初三、高三，这种情况太多了。那么你看，在这种情况下，你的成绩、名次没提高，是不是很正常？（是）所以，衡

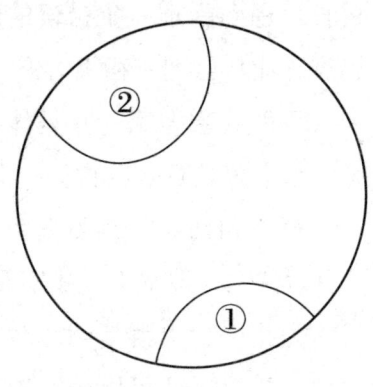

量是否进步只有自己知道，你的分数和名次未必知道。我再给大家举一个例子。你在考试之前会不会认真复习？这时候，你感觉自己有没有收获？（有）那么你认真复习的那些内容，在试卷上出现的概率有多少？是不是很少？所以，复习让你进步了，只不过没有考到而已。

我们再往下推演：你在①部分进步了，老师考②部分，你在A处进步了，老师考的是B处……但当你进步越来越多的时候，会怎么样？不论老师考哪里，你都能得高分。因此，对同学们来说，时间是最宝贵的。你要赶在高考或中考之前让自己有更大的进步。

心理学家武志红写过一篇文章《如何一年圆梦北大》，在这篇文章中，他提到自己高二下学期的期中考试考了全班第29名，按照这个成绩他连一般本科都考不上。又过了半个学期，到期末他考了全班的第11名。原来是29名，现在变成11名，按照常规标准评判，他是不是进步了？对，他进步了18个名次。我们接着往下看。在高

方法对了，✔ 教育 就简单了

三，他刻苦学习了七个月，到毕业考试他考了全班第19名，比刚进入高三的11名下降了8个名次。按照常规标准评判，他是不是退步了？但是你想，如果他在高三不进反退，他能够考到北大吗？那是不可能的！这说明他不是退步了，而是进步了，只不过他的进步在毕业考试时没有体现出来而已。大家理解这个意思了吗？这就是我跟大家说的，进步不进步，只有自己知道，而分数和名次未必知道。高三的最后一次模拟考试，距离高考还有19天的时候，他考了全校的第一名。高考他又考了全校的第一名，考上了北京大学。

所以，我们要学会正确地评价自己努力的结果。我们真的要相信那句话："世间自有公道，付出总有回报。"只不过这个回报暂时没有在你的分数上显示出来，这叫"不是不报，时辰未到"！你尽管闷着头去努力吧，坚信你一定能考出好成绩。

接下来，我们继续探讨怎么样才能让自己提高得更快、进步得更快。

假如某一天，你的数学作业共有6道题，你做错了5道，作业纸上你看到五个醒目的红叉子，你有什么感觉？很多同学跟我说：郁闷、不高兴，我想把它撕了。大多数同学看了会很失落，觉得自己很失败。下面我们一起来分析一下，想一想这个叉子是怎么来的。有同学说是老师给的，我说你开玩笑，你不做，老师能给吗？是你做错了以后老师给的，这里面有两个人的功劳。也就是说这个叉子既有你的努力，又有老师的付出。接下来再猜一猜，老师看到你6道题错了5道时的心情会怎么样？会不会也很郁闷？（是）这就有意思了，老师留了作业，学生做错了，老师郁闷、学生也郁闷，老师在用作业折磨学生也在折磨自己。这样，留作业是不是老师做的一件傻事？想到这儿，你是不是隐隐觉得关于作业，我们忽略了它的一份价值？

让我们换一个角度来看。同学们记一下，学习有四个层次：第一个层次叫"不知道我不知道"，第二个层次叫"知道我不知道"，第三个层次叫"知道我知道"，第四个层次叫"不知道我知道"。你知道吗？我这么一说，想必很多同学都晕了。

第一个记住了吗？叫什么？不知道我不知道。什么意思呢？我不知道自己哪儿不会，不知道自己哪里差，这又叫"元无知"。第二个层次是什么？知道我不知道。就是知道我哪儿不会，知道我哪里差。第三个层次是，知道我知道，就是把第二步找出来的那个错的、不足的地方弄懂了，学会了。第四个层次是，不知道我知道，这个不太好理解。我问大家一个事儿，会不会系鞋带？自己运动鞋的鞋带，会系的，请举手，我看谁不举手。（笑）在我没有问大家的时候，你想到你会系鞋带了吗？没有，是不是？我一问你就想到了，对不对？所以，这叫"不知道我知道"，就是说不问则已，一问就知道，不考则已，一考我就得满分，这是学习的第四个层次。我们还是研究系鞋带，你刚开始学系鞋带的时候，是不是非常专注，才能把鞋带系好？现在呢，还需要那么专注吗？是不是和别人聊着天的时候就把鞋带系好了？你怎么做到的？是不是经过了大量训练？同样，从学习的第三个层次到第四个层次就像系鞋带那样，需要强化训练。这就是老师留作业、高三的同学要做很多卷子的原因。因此，不要排斥老师给你留些作业，留作业是有意义的。

我们再看作业中的叉子。在做作业的时候，你是不是会把自己认为正确的写上？那时候属于哪个层次？对，属于"不知道我不知道"这个层次。老师给了你一个叉子就变成第二个层次了，知道我不知道了。所以，我们原来不喜欢的叉子，其实是把我们的学习由原来的第一层次提升到了第二层次。请同学们再思考一个问题，学习的四个层次中，对你的进步来说，哪个最重要？对，是第二个，因为它是学习的开始。第二个层次从哪里体现出来？叉子呀！所以得到这个叉子意味着什么？意味着进步的开始。如果我们从这个角度来看的话，看到叉子你是什么感觉？告诉我，好还是不好？（好）有同学说，我还是希望能得高分，我就希望全是对号。前面我跟大家说了，到目前为止你就这个水平，你作业里出现叉子是很正常的，没有叉子才是不正常的，你就得认，我们不能掩耳盗铃。当然，你想全是对号也行，除非我给你出题。（笑）到目前为止，我就是这个水平，我要提高成绩，我急需把不足找出来，而作业中的叉子恰恰把这不足找出来了，多好啊！同学们再想：你做这道题的时候，有没有努力？（有）好！有没有成果？（有）是不是发现了自己的不足？（是）今天上午我在跟老师们交流的时候说："我们需要对叉子做重新定义，原来我们老师认为叉子是学生做错了，学生的学习水平不高，学生们则认为叉子就是失败。现在我们给它一个新定义，叉子是努力的成果。"当你认为叉子是努力的成果的时候，各位同学，看到叉子你还郁闷吗？是不是会迫不及待地改掉叉子，把成果拿到手？

　　我们还是从这个角度，看一看作业中的对号意味着什么。不做这个题、没有这个对号，这个题你会做不会做？你肯定会做。所以，对号就意味着你把原来会做的题重新做了一遍。从这个角度看，对你的进步来说，是对号更有价值还是叉子更有价值？（叉子）相信同学们理解了我的这个观点、接受了这个观点以后，老师判的作业叉子越多，你越高兴！因为你发现了更多的不足，让你的学习更有针对性。

我们再来研究考试，考试对我们意味着什么，我们以什么样的心态来对待考试。

是学生就要考试，这是谁也逃避不了的。昨天我和杨校长聊天的时候，我们一致认为，**考试是一种非常高效的学习手段**。为什么？考试之前我们是不是会认真复习？考试过程中我们会不会全力以赴？关键是在考试以后。考试以后怎么样？有的同学一看物理考了30分，心就凉了半截儿。用小品里的话说，"心里哇凉哇凉的"。请同学们记一句话："**考试，没有失败，只有反馈。**"考试带给我们三方面的反馈：

第一是**知识上的反馈**。我们来看，你的试卷里会不会有叉子？（会）有叉子是好事还是坏事？（好事）这就是知识上的反馈，明白了这一点，我们就没有时间、没有精力、更没有必要去"哇凉哇凉的"了，我们会非常急切地拿到卷子，去找有哪些点现在就可以提高。对不对呀？如果你认可这样的说法，考试结束后是不是会比考试前更忙碌？是不是比考试前更充实？你的提高也会更快。

第二是**心态上的反馈**。前面我已经做过调查了，将近一半的同学有考试焦虑。大家都有这样的体会：如果考试有好的心态的话，更有利于发挥，考出好成绩。如果考试心态不好，就会影响水平的发挥。好，哪位同学有考试焦虑，需要做一下调整？直接到台上来吧，机会很难得的！（杨涛同学上来，面向大家）

"考试会有些焦虑，是吧？""对。"

"现在想一想，上一次考试你有没有焦虑？""有过。"

"在考前，你想考好还是想考不好？""当然是想考好了。"

他说"当然想考好了"，大家记住他说的这句话。

"好，现在老师知道你想考好了。那你考前会不会在心里默默问自己一句话，'万一我考不好了该怎么办？'"

"会，我会想到如果我考不好的话，老师会很失望，我自己会很失望。"

大家听到他说什么了吗？他想的是"如果考不好的话，老师会很失望，自己会很失望"。

"当你想到老师会很失望的时候，你有什么感觉？"

"感觉好像老师对我付出那么多，我很对不起老师。"

"你感觉好像很对不起老师，当你想到老师失望的表情的时候，你的能量越来越高，还是越来越低？""越来越低。"

"当你想到考不好自己会很失望的时候，你的能量越来越高，还是越来越低？""越来越低。"

"会不会想到父母也很失望？""会。"

"当你想到父母失望，看到他们失望的表情，听到他们说话的声音的时候，你的能量会不会更低？""是的。"

我都看出来了，他现在的能量就越来越低。（笑）我们很多同学和他一样，在考前会问自己一句话："万一我考不好了该怎么办？"然后在大脑里想象出考不好的一系列后果：家长失望、老师失望、同学嘲笑……他在自己脑子里就编了一个恐怖片，并不断地在脑子里循环播放，每播放一次能量降低一点儿，每播放一次能量降低一点儿，当能量达到最低的时候，他走进考场。我说你一定能"心想事成"。大家说是不是？（是）大家还记得吗？他刚上来的时候，我问过他："想考好还是想考不好？"他怎么回答的？"当然想考好了。"你看，他是想"考好"了吗？他想的是"考不好"的后果。知道问题出在哪里了吗？他想考出好成绩，但是想的是考不好的后果，这样越想越焦虑。

怎么做呢？下面按老师教的方法去做，你就不会焦虑了。不要再想考不好了有什么后果，而要去想**"考好了，我能得到什么"**。

"如果下次考好了，你可以得到什么？""如果我考好了，我爸妈会很高兴的。"

大家看，当他说到他爸妈会高兴的时候，他怎么样？是不是也很高兴？（是）掌声送给他。

"你还会想到什么？""想到老师会很高兴！"

"想到老师高兴的时候，你会？""很高兴。"

"想到自己考好了，有的同学还有一点小小的羡慕、嫉妒，你会怎么样？""我会有些得意。"

"当你想到这些的时候，能量是越来越高，还是越来越低？"

"能量越来越高。"

"想一次，能量提高一点儿，想一次，能量提高一点儿，当你的能量达到最高的时候参加考试，你一定能'心想事成'。是不是？""是。"

这就是老师教你的方法，有没有疑问？（没有）

有同学跟我说："老师，你这不是在教我们做梦吗？"是啊！大家想一想，你担心考不好是不是也在做梦？考试还没有进行，考好考不好都是猜测对不对？（对）概率各占50%，只不过你自己编了一个噩梦吓唬自己，老师教你做个美梦让你更有力量。聪明的你会怎么选择呢？（做美梦！）

"学会如何调整了吗？""学会了。"

好，掌声送给这位同学。

"如果我们从成长型思维的角度来看，从考试没有失败只有反馈的角度来看，你觉得考试中出现一些叉子是好事还是坏事？"

"好事。"

"这样的话，你还担心考不好吗？""不担心了。"

"是不是希望通过考试，我们可以找到更多的不足？"

"是。"

"现在想一想下次考试，你紧张吗？""不紧张，考试得到的叉子可以让我进步更大，我期待下次考试。"

（好，掌声送给这位同学，请回到座位上去）

现场是给这位同学做调整，实际上我是把方法教给了大家。

第三是**技术上的反馈**，考试是有技术的，有人把它叫考试技巧。

考试有技术，有些同学平时做题做得很好，如咱们高三有的同学综合科分着考时就很好，综合起来就不太适应了。说明什么？你没有掌握好考试技术。有没有掌握好考试技术，也可以通过考试得到反馈。得到了这个反馈，就要在考试技术上强化，对不对？怎么办？找资源，想办法。谁是你的资源？你的老师、同学、家长都是你的资源，把"反馈"作为线索，然后你去找资源、想办法。（关于"技术上的反馈"，上午已经和老师交流过了，我今天就不讲了，有问题可以找你们的老师）

科学的方法

下面我们要谈的一个非常重要的问题就是学习方法，我今天一定要给大家讲这些东西，因为什么呢？因为学习方法不仅影响着你的学习效果，还会影响着你对学习的信心。

NLP把学习类型分为三种：一种叫视觉型，一种叫听觉型，还有一种叫感觉型。什么意思呢？就是有些同学习惯于用视觉通道处理信息，处理问题的时候他脑子里面更多的是画面信息。有些同学习惯于用声音通道处理信息，就是他脑子里边更多地关注声音信息。有些同学习惯用感觉来处理信息，就是思考处理问题时更倾向于感觉。三种不同学习类型，学习效率是不同的。学习效率最高的是视觉型的，最低的是感觉型的。有的同学说，老师，我努力了，但是成绩就是不提高，这可能与你利用大脑的通道有关。

需要大家注意的是，即使你是感觉型的，并不意味着你的视觉不发达。理解我的意思吗？我们大脑的构造都差不多，有些感觉型的人，他的视觉是非常发达的。只要你有意识地运用视觉，效率就可以提高上来。

学化学时，我们需要记忆化学方程式，比如碳酸氢钠加热分解实验，记住方程式的请举手，请一个同学到前面来把方程式写在黑板上。（一学生上台，写出方程）

"这位同学，方程式你写对了，如果我让你去实验室，给你一定量的碳酸氢钠，你能独立完成这个实验吗？"

"不能"略一沉吟，这个学生说。

"为什么？"

"我不知道要用哪些器材。"

"平时你是怎么记忆化学方程式的？"

"就是多写几遍。"

"好的，现在请你看这个图，要记住这个图用多长时间？"

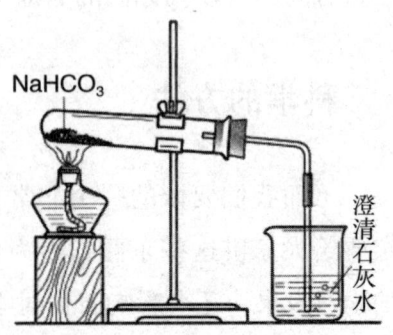

"看一眼就记住了。"

"看着脑中的图，注意一些细节：试管口向下倾斜，知道为什么吗？"

"有水生成。"

"右侧是澄清石灰水，这让你想到什么？"

"有二氧化碳生成。"

"这个装置图对你记方程式有没有帮助？"

"很有帮助！"

"看到这个图，你敢不敢做这个实验？"

"敢。"

"好，谢谢！请回。"

同学们有体会了吗？如果我们在记忆化学方程式时，能用装置图辅助记忆，不仅能很快记住，而且更容易帮我们理解实验。

我曾经做过调查，对同一个反应，学生大脑中的东西和老师大脑中的东西会有很大差异。我曾经问过几个学生："一提实验室制氧气，你脑子里出现什么？"大多数同学回答我是方程式。同样的问题我也问过一些老师，老师们的回答却是"装置图"。

多利用视觉，是很好的学习方法。

好，接着体验几组词语，看看谁能很快地记住。

出租车——盐

桌子——月光

吉他——石灰

脚踝——玻璃

贝多芬——手机

......

我发现有些同学启动了"死记硬背"的模式，嘴里念念有词，一遍一遍地重复，希望把声音留在脑子里。这就是在用听觉通道。

其实每个同学都有过目不忘的本领，这些词语只需要记一次就能记住，而且在脑子里保持时间也很长，我们一起体验一下这几组词语。

出租车——盐：脑子里出现一辆出租车，注意，不是"出租车"三个字，而是一辆出租车，车身上沾满了大盐粒。

桌子——月光：脑子里出现一张你熟悉的桌子，月光照在桌子上。

吉他——石灰：脑子里出现一把吉他，弦上洒了石灰，一弹，冒出白烟。

脚踝——玻璃：想象自己的脚踝，上面扎着一小块玻璃。

贝多芬——手机：想象音乐家贝多芬坐在钢琴前，在用手机玩儿"王者荣耀"。

我们若在脑子里出现一幅幅的画面，是不是一遍就记住了？（是）所以我说，每个同学都有过目不忘的本领，只不过没人教你这个方法。

体验完记中文词语，我问问在座的，有没有背英语单词背得比较慢的同学？谁背单词比较慢？谁愿意上来？我教教你怎么背单词。

（上来一名女同学）

我先写一个单词，mysterious，这个单词的意思是"神秘的"。

"平时你是怎么背的？""多念几遍就记住了。"

"是念单词还是念字母？""念字母。"

"一般要念几遍？""五六遍吧，不确定。"

"多长时间忘掉？""可能过一会儿不复习就忘了。"

"现在老师教你一个方法，看一遍就能记住，你想不想学？""想学。"

"看看这个单词，有没有你熟悉的部分？你看my是不是很熟悉？""是。"

"这还用记吗？""不用了。"

"知道单词rious吗？""不知道。"

"如果我告诉你是什么意思，你是不是又多学了一个单词？""是的。"

"rious是恶作剧的意思。""知道了。"

"假如你以前知道rious这个单词，那这部分还用背吗？""不用了。"

"看一眼这个词，把它分成两段，你怎么分？""ri/ous。"

"最好按发音分，因为我不懂音标，我也不知道这样分是不是合适。（学生笑）现在我们就这样分。"

"要记住ri用多长时间？""看一眼就记住了。"

"ous呢？""也是看一眼就记住了。"

"是不是看两眼就能记住rious？（学生笑）""是。"

"那么，mysterious这个单词，你需要记的还剩下几个字母？""3个。"

"现在记住了吗？""记住了。"

"背一遍。""mysterious。"

"从后往前背。""suoiretsym。"

"知道为什么你可以这么流利地从后往前背下来吗？""不知道。"

"你在脑子里是不是看到了这个单词？""是。"

"这样，你只需要从后往前念出来就行了。" "是。"

现在常见的背单词的方法有两种：第一种是世界上最笨的方法：一个字母一个字母地背。我在本地的一所重点高中当副校长，晚自习前我们学校有20分钟背单词的时间，做校长要查自习，我就到教学楼四处看看。我就听到一个男生在教室里大声地背单词，语速很快，我从前门走到后门他就背了5遍，我继续往前走，我听见他还在背第7遍、第8遍。这是世界上最低效的背单词的方法，然而很多学生都在用。我曾经在学校做过调查，有60%—70%的学生用这种方法背单词。第二种背单词的方法是按发音将单词分段，这种方法比第一种方法效率要高很多。第三种方法就是刚才我教大家的，在第二种方法的基础上加上一步，就是先找到自己熟悉的部分，然后按照发音分段，在脑子里面要看到这个单词，这个词就背下来了。

"学会了吗？" "学会了。"

"刚才让你背的单词，你还记得吗？" "记得，mysterious。"

"还有问题吗？" "有时英语和汉语对不上。"

"你是怎么做的？" "就是英语和汉语一起背。"

同学们有没有遇到相同的问题？（有）这是英语学习的一个通病。很多同学英语成绩还不错，包括一些大学生，但是跟老外对不了话，为什么呢？因为他的脑子里面多了一道程序，他只有把英文翻译成汉语或者把汉语要翻译成英文才能说出来。理解吗？其实解决这个问题很简单。老师要教你方法了啊，刚才我们背的这个单词mysterious翻译成汉语是"神秘的；奇怪的；不易解释的；陌生的；诡秘的；故弄玄虚的"，你学的单词是不是在课文某个句子里的？假设就这个单词来说，你课文中有一句：A mysterious young woman is living next door。"一个神秘的年轻女子住在隔壁。"这时，你脑子里可以出现这样一个情景，你的隔壁住着一个打扮时髦的年轻女人，整天早出晚归、神神秘秘的，同时，脑子里出现这个单词。怎么把英语单词和汉语连起来？不要想汉语的文字，而是想情景、出画面。大家回去试一试吧。

"学会了吗？""学会了。"（好，掌声送给这位同学）

我是不太赞成对着单词表背单词的，最好是结合语境背，同时在大脑中形成相应的画面。当然，如果必须用单词表记单词，也可以像学霸这样背单词：拿着单词表，边背边笑，知道他脑子里发生了什么吗？他在想象画面，比如dog，在背这个单词的时候，他的脑子里出现一只小狗在跌跌撞撞地用两条后腿站着走路，走着走着被路上的一块石头绊了一个跟头……

我现在开始教同学们高效阅读的方法。很多同学不重视课本阅读，认为看课本没有用。大家想一想，编课本的人是什么水平？对！是国内顶尖专家。如果你是编书的专家，你会把没用的、不重要的内容编到书里吗？学习时不看课本，这是非常遗憾的，这么好的资源，我们就白白地浪费了。下面给大家讲一个我辅导学生阅读的案例。这是高二物理书上的一段内容：

电能的输送

在发电厂里，煤炭中的化学能或者河流中的水流能转化成电能。为了减少煤炭的运输费用，火电厂通常建设在煤炭的产地，水力发电厂则只能建设在水力资源丰富的地方。电能输送到几百千米甚至几千千米之外的用户，在导线上会有损失，这主要是由电流的热效应引起的。远距离输电中电能的损失十分可观。怎样才能减少这种损失呢？

我先让她看第一段，于是她启动了原来的看书模式——把文字读出了声音。她看完后，我把书拿了过来，合上书，让她背诵，她当时就傻眼了。"老师，您也没叫我背啊？"我说："现在就让你背。""我背不下来。"我告诉她："记住多少说多少。"她说什么都没记住。各位同学告诉我，她看没看书？（看了）这样看书有没有效果？（没有）这是一种无效学习，如果持续下去，白白浪费多少时间啊！所以我说不能这样看书啊！老师教你一种看书方法，几乎只需看一遍你就能记住。大家都知道怎么看吗？对了，用视觉。

我们一起来看第一句话，前面有五个字"在发电厂里"。有同学背的时候一遍遍地重复：在发电厂里，在发电厂里，在发电厂里，在发电厂里……不要再用这种方法了。脑子里面可不可以出现一个发电厂？如果不知道发电厂长什么模样，你脑子里可不可以出现一个东西代替发电厂？看着脑子里边的画面说话，叫什么？"在发电厂里。"还用背吗？接着我们看"煤炭中的化学能……"一说煤炭，脑子里出现什么？"黑乎乎的大煤块儿。"知道煤炭中有化学能吗？有的同学知道，知道的话就不用背了。有的同学不知道，如果你原来不知道是好事还是坏事？（好事）因为你现在知道了一个常识"煤炭中有化学能"，是不是进步了？

这一句还没完，"或者河流中的水流能"，脑子里面有没有出现一条河流，是不是有水在流动？水流动时有水流能，水流能可以转化成电能。好，我们是不是读了完整的一句？看看你脑子里有什么？是不是有很多画面？大家看着脑子中的画面把这一句背下来。（在发电厂里，煤炭中的化学能或河流中的水流能转化为电能）读了这句话，你是不是突然知道了"原来发电厂是干这个的——把煤炭中的化学能转化为电能或把河流中的水流能转化为电能"，对不对？以后你再看到发电厂的时候，可能就会想到这里边发生了能量转化。

学习是分阶段的，学习之前是"看山是山，看水是水"，学完后就变成了"看山不是山，看水不是水"。读懂了这一句话，以后你看到发电厂时就想到这里发生着能量转化。

我们来看第二句话："为了减少煤炭的运输费用，火电厂通常建设在煤炭的产地，水力发电厂则只能建设在水力资源丰富的地方。"一说煤炭运输，你脑子里出现什么？运煤的火车或轮船。如果你是发电厂的设计者，你会不会考虑要减少煤炭运输费用？你会不会把火电厂建设在煤炭产地以节省成本？如果答案是"是"，说明你对上述知识有了一种逻辑上的认同感："噢！我也是这么想的。"当逻辑通了的时候，你就感觉懂了、理解了。

我们接着往下看："电能输送到几百千米甚至几千千米之外的用户，在导线上会有损失，这主要是由电流的热效应引起的。"读这句话的时候，看看脑子里有哪些画面？看没看到电厂、用户？看没看到输电线？一提"电流的热效应"，脑子里出现什么？看没看到导线在发热？有没有感觉？对这句话有没有逻辑上的认同感？如果你是设计师是不是想到要减少这种因为热效应引起的电能损失？我们接下来看最后一句："远距离输电中电能的损失十分可观。怎样才能减少这种损失呢？"你看，书上写的和你想的完全一样。大家可以猜一猜，后面是不是要探讨怎么减少损失？你想不想知道有哪些措施？当你想知道的时候，就有了进一步学习的冲动。这一段看完了，看看你脑子里有哪些画面？看着这些画面，是不是可以把基本内容复述出来？是不是有一种学到了新知识的感觉？

就这样，我带着这个同学一段一段地往下看，用了半个小时左右把这节内容看完了。合上书，书上的内容她基本上可以复述出来，她很兴奋，感觉学到了很多知识。课后的三道练习题，她选择先做最难、有挑战性的第三道，说明她很自信。然后做第二道、第一道，最后三道题全部做对了。

接下来打开她拿来的参考书，书上有三道例题，三道题她全做对了。大家还记得吧，她还有三道题要问我，我说这次从第一道开始做，然后是第二道，做第三道的时候我指点了一下，她就做出来了，这时她非常高兴、非常自信。

大家还记得开始我讲的那个物理成绩非常稳定的学生吗？物理第一次考了37分，第二次考了38分？我用前面教大家的方法带着她学了一节内容以后，在我的引导下，她写出了五条心得：①以前看一遍什么也没记住，现在看一遍要比以前用的时间长了，但记住的东西比以前多了很多；②阅读的内容在大脑中保持时间长了，并且能更好地应用它；③对物理学科的感受好多了，对其他学科的学习也有信心了；④看书时心情不再急躁，能用心去看，看完后有成就感，也觉得书的内容简单多了；⑤书上的知识很多，学科的主要内容还在课本上，以前我对阅读课本不重视，今后我要好好看课本。她就是用这种方法解决了物理偏科的问题，高考理科综合考了226分。

下面我们简单总结一下方法：第一是把文字变成画面、声音；第二是找到前后知识的联系，获得一种逻辑上的认同感。如果你熟悉思维导图，可以用思维导图把文章的结构画出来。

有些同学由于基础比较差，上课听讲时会感到很困难，听不懂时就会不自觉地走神。因此，这类同学上课的学习效率很低，宝贵的时间就这样被浪费了。如果按我上面教大家的方法，在老师上课前提前学习，听讲时就已经是第二次学习了，上课效率就高了，在这个基础上再去做作业，既节省时间又能体会到学习的舒畅感。前面提到的高二学生，第一学期期中考试物理考了32分，他用提前学习的方法学习，到期末的时候物理就考了70多分。

一开始我提到要教同学们"两本书学好任何一门学科"的方法，这第一本书就是课本，同学们按我说的方法去学习，不仅可以学到基础知识，更重要的是可以找到知识间的逻辑关系，这样就可以把学到的知识形成网络，防止碎片化。第二本书就是参考书，也就是类似《教材全解》这样的书，这本书的作用和老师的作用相似，它把重点知识及其应用总结出来了，属于拔高的。两本书结合起来，学科学习就不成问题了。

一晃两个多小时过去了，同学们听得很认真，今天我给大家讲的四部分内容，大家还记得吗？第一叫什么？清晰的目标。第二叫什么？坚定的信念。第三叫什么？积极的心态。第四是科学的方法。请记住：（积极心态＋科学方法）勤奋＝好成绩。

（腾冲四中学生培训实录，2018.11）

二、和家长谈教育

家校共育是实施有效教育的重要举措，家长和老师有着共同的目标——培养孩子成才。在培养孩子的问题上，家长和老师是一个战壕里的"革命战友"，因此，**家长和老师要一起站在孩子身后帮助孩子成长。**

俗话说"隔行如隔山"。很多家长缺乏教育孩子的专业知识，影响着教育效果。作为老师特别是班主任，在完成学校教育教学任务的同时，有必要对家长进行家庭教育指导，以形成教育的合力。为此，我选取自己录制的"NLP家庭教育系列微课程"中的部分内容分享在这里，一方面是对家庭教育中常见问题给出应对策略，另一方面作为NLP与教育整合技术的实践，与大家交流。

第一讲　孩子上课注意力不集中怎么办？

很多家长看到或听到老师反映自己的孩子上课精神不集中，就开始怀疑是不是孩子的注意力有问题，甚至思考是否需要做注意力强化训练。我认为，大多数情况下认为孩子的注意力有问题都是伪命题。你不妨观察一下，孩子在玩游戏的时候注意力是否集中，孩子在看电视的时候注意力是否集中，孩子在看自己喜欢的书籍的时候注意力是否集中，如果答案是"是"，孩子的注意力就没有问题。

据我观察，孩子上课注意力不集中有四种情况：一是没兴趣或觉得课程内容不重要；二是不相信自己能听懂；三是认知负担太重（听不懂）；四是没有休息好，感觉疲劳。

针对以上情况，家长可以从以下几方面帮助孩子：

第一，很多孩子的学习是凭兴趣的，兴趣是其学习的主要动力，有兴趣时听得津津有味，没有兴趣时觉得索然无味，在不知不觉中大脑就开了小差。这些孩子往往对学习没有规划，属于任其自然状态，喜欢就听一些，不喜欢就不听，因而很难取得好的成绩。

遇到这种情况，家长首先要让孩子意识到他是在凭感性学习，缺乏对学习的规划和理性思考；其次要引导孩子明确学习带给他的价值，和孩子一起确立学习目标，并通过未来预演技术让目标更有动力，让学习变得主动。

第二，引导孩子理解上课听讲的重要意义。为了让孩子重视听讲，家长不仅可以从学生学习的角度，还可以从老师备课的角度帮助孩子认识到听讲的重要性，让孩子意识到，只要认真听就会有收获。

我辅导过一个成绩非常好的高一学生，当时我教他物理，他说："老师，我一上物理课就想睡觉。"（这孩子说话就这么直截了当，完全不考虑我的感受）简单了解情况后我发现，他在上高中之前补过课，认为课上老师讲的内容都听过，所以觉得听也没什么意义。我问他："你猜一猜，我备一节课需要多长时间？"他说："您是有丰富经验的老教师了，备一节课用不了多长时间。""你猜错了，我教高中物理已经20多年了，每节课都有我20多年的教学经验在里面，难道我备了20多年的一节课，不值得你听吗？"我接着说，"我刚开始参加工作上第一节课之前，我试讲了三次。教你的老师中也有年轻老师，他们每节课都会认真准备，会把自己对知识、对教材的理解以及对学生学情的了解融入课堂中。你想一想，这样的课不值得你听吗？也许老师讲的知识你会，但是知识之间的联系、知识间的逻辑关系以及如何运用，你未必了解。如果你认真听讲，每节课都会有收获。老师教你一个方法：准备一个收获本，听课时瞪大眼睛找收获，并记录下来，这样你一定会有收获。"听了我的分析，这个学生说他明白了，从那儿以后，他上课听讲的状态有了很大改观。

在学习上，意识定向很重要，如果你认为老师讲的都是垃圾，下课后你的脑子就变成了垃圾箱；如果你认为在老师课上一定有收获，你的大脑就会自动找收获，一节课下来也会收获满满。有些孩子可能认为某个老师讲得不好，所以不爱听。我可以肯定地说，在他所在的班上一定有某些学生喜欢这个老师，觉得老师讲得好，这是由思考问题的角度、意识倾向决定的。

第三，帮助孩子建立"我能学会"的积极信念。一些基础差的孩子有"我学不好××科"的限制性信念。心理学研究表明：人们不会去做他认为做不到的事情。在上课时，如果大脑处于游离状态，那么不论老师讲得多么生动，孩子都觉得与自己无关。

针对这种情况，家长要耐心引导孩子，帮助他树立信心，让他相信"能学好，能学会"。同时要告诉孩子，在课上不仅要关注自己听懂了什么，也要关注自己哪些地方没有听懂。当孩子有意识去区分哪些能听懂，哪些不能听懂的时候，自然不会分心了。听不懂的部分就成了课下学习的重点，这样学习，更有针对性。

第四，提前学习，降低因基础差带来的听课的难度。心理学认为：人的行为都是为了追求快乐，逃避痛苦。当孩子听不懂的时候，他会觉得很不舒服，于是就不自觉地走思，去想让他感到快乐的事情，这是很难控制的。

要想解决这个问题，最根本的方法就是降低听课的难度。但有些家长会想，讲课的难度是老师定的，不是想降低就能降低的。是的，但是我们可以通过指导孩子提前学习降低听讲难度（方法详见学习指导部分）。这样做既可以让孩子熟悉与这节课有关的预备知识，又对新知识有了初步的思考，听讲难度自然就降低了。孩子在听讲时相当于开始第二遍学习，听讲的效率就会大幅提高，对知识理解得更深入。这样既提升了孩子的自信心，也让孩子在学习上更有成就感。

第五，做好时间规划，保证充足睡眠。如果孩子没有休息好，家长应提醒、督促、帮助孩子做好时间规划，保证孩子的休息时间，如果有条件，中午要午休，这样对提高孩子课上注意力很有好处。

第二讲　如何和青春期的孩子交朋友？

一提到青春期，很多家长就开始头痛，他们认为青春期孩子会逆反、会不听话、会很难管。的确，许多家长都遇到过这些问题。那么，真的是青春期的孩子会逆反、会难管吗？孩子就应该乖乖地

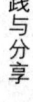

听家长的话吗？如何和青春期的孩子做朋友呢？

相信家长们都有过这样的体会：孩子小的时候是很好管的，即使孩子有些调皮，家长还是有办法的。但是随着孩子渐渐长大，发现孩子越来越难管，为什么会出现这种情况呢？

究其原因就是，**家长没有跟上孩子成长的脚步**，你还在用管4岁孩子的方法教育14岁的孩子。

NLP专家张国维先生把孩子的成长分为三个阶段：印记期、模仿期和社交期。孩子在每个阶段所需的心理营养不一样。

0—7岁称为印记期：脑科学研究表明，人的意识脑是从3岁左右才开始发育，到21岁左右完成发育。因此，0—7岁这个时期的孩子还不能懂得分辨好坏，容易盲目地接受身边的事情，你给什么，他就接受什么，他的思想就像肥沃的土壤，很有营养，但分辨不出种子好坏，无论是玫瑰的种子还是野草的种子，都一律照收。这个时期形成孩子最初的核心信念及价值观，这是非常关键的。

8—13岁称为模仿期：他们不再盲目接受，更愿意尝试新事物。父母、老师和周围的人都会成为孩子模仿的对象，正所谓"近朱者赤，近墨者黑"。因此，在这个时期身教比言教更重要。

14—21岁称为社交期：随着孩子学识和能力的增长，孩子渴望成为一个独立的个体，他们开始按照自己的想法去尝试，最常见的表现就是不再对家长言听计从。他们开始有自己的社交圈，期望被别人接纳和理解（有些孩子玩手机游戏，就是因为自己不玩儿就不被朋友圈接纳），处在这个阶段的孩子，往往会觉得朋友比父母更重要，因为朋友更理解他，在情感上更容易得到认同，和朋友在一起有一种归属感。如果家长管得太严，限制孩子与同龄人交往，孩子的需求不能被满足，很容易导致逆反。这时，孩子会越发体会到朋友的重要性，你越不让他和别人交往，他越有强烈的交往意愿。如果父母意识到这一点，能够在生活、学习方面充分理解孩子、尊重孩子、支持帮助孩子，孩子同样可以和父母做朋友。给大家三点建议：

一、尊重孩子

首先，家长要认识到孩子和我们一样，是一个独立的个体，我们要发自内心地尊重他们。

让我们来做一个体验。想象一下在我们身后站着的是我们的父母，而父亲身后站着的是他的父母，母亲的身后也站着她的父母，祖父母后面还有他们各自的父母……以此类推。同样，我们也站在自己孩子的身后，孩子站在他的孩子身后……想象你腾空而起，俯身看着家族传承与发展的链条，在链条中，你是不是和孩子一样，都是家族链条上的重要一环？所以，从家族延续的角度来看，孩子和你是一样的，都既是家族的一员，也是独立的个体。因此，发自内心地尊重孩子，是必须的。

二、理解孩子

孩子随着年龄的增长，视野变得更开阔了，他的能力、学识都有了显著的提高，对各类事物也有自己的思考。他们逐渐脱离对父母的依赖，开始尝试挑战原来的自己，当他有了新的想法后，就有了尝试的冲动，因此，这个阶段的孩子特别渴望家长的理解和支持。同时，他们又担心家长对其行为给出负面评价。但是，很多家长没有捕捉到孩子的这些变化，一如既往地用原来管教小孩子的方法对待青春期的孩子，孩子的需求得不到满足，所谓的逆反就发生了。

　　甚至有一些家长固执地认为：原本就是孩子错了，还让我理解他，这样孩子怎么能有正确的是非观呢？在这里，我要强调的是，**理解不等于认同**。

　　NLP有一套行为分析策略，可以有效地帮助家长理解孩子。NLP有一条著名的假设：任何行为背后都有积极动机。也就是说，不论是什么行为，对当事者来说都有他自己认为的好处。所以说，你的孩子做出的所有你认为"不对"的事情，也是有积极动机的。作为家长，遇事要先想一想孩子的积极动机是什么，这样可以帮助你更好地理解孩子。当然，行为有积极动机并不代表行为就一定是正确的。我们评价一个行为，除了看动机以外还要看它的结果。如果行为的结果是三赢，即我好、你好、大家好，那么这个行为就是有效的、好的行为。找到孩子行为的积极动机，再和孩子沟通时，孩子就能感受到你对他的理解和尊重。如果孩子确实做错了，我们应该怎么办呢？

三、支持孩子，允许孩子尝试和失败

　　没有人是不犯错的，人们都是在试错中成长的，做父母的也不例外。因此，我们应该允许孩子做得不好甚至犯错误。这样，孩子才敢于去尝试，在尝试中提高能力，能力提高了，也会变得更自信。严介和先生曾经说过，在他们家族里，教育孩子的时候不许说"三思而后行"，而是说"**三行而后思**"，他们用这种方式鼓励孩子勇敢尝试、不怕失败。

　　"先跟后带"是NLP中重要的沟通方法，如果孩子犯了错误，我们可以用"先跟后带"的方式和孩子沟通。比如，孩子与别人打

架，家长应先找到孩子打架的积极动机：打架是为了维护你的尊严（利益、权威）是吗？当孩子听了这句话后会觉得家长是理解他的。随后再和他分析打架的后果：你看，你把他打了，最终出现了大家都不希望看到的结果。接下来和孩子一起探讨怎么做可以不用打架，同时又能维护自己的尊严（利益、权威）。这样，孩子在以后遇到类似情况时就有了更多的选择，也一定会选择他认为最好的方法去解决问题。如此，孩子得到的是成长。

以上是我给青春期孩子家长的三点建议，相信不论哪个年龄段的家长，如果做到了以上三点，孩子就会当你是他的朋友。

第三讲　孩子在学习上三分钟热度怎么办？

很多家长问我，自己的孩子在学习上不能坚持，总是三分钟热度，应该怎么办？

我的回答是，**孩子有三分钟热度比没有这三分钟要好得多**，有这三分钟说明在孩子的内心有学习的渴望。家长要做的就是，和孩子一起用心呵护这种渴望，**让三分钟成为永远**。

我们先来分析一下，孩子这三分钟热度是怎么来的。

或许是因为老师或家长的鼓励，或许是某次考试让孩子找到了感觉，或许是在遭受了某种打击后幡然醒悟……对不同的孩子来说，原因各不同。但是，所有的孩子在产生这三分钟热度的时候，对未来都有了期许，很多孩子会在心里跟自己说，"我要努力学习，一定要达到某个目标"，这时孩子明确了自己的目标和追求。

然而，光有目标是不够的，有目标未必会有行动，孩子要行动起来还需要两个条件：一是相信自己能达到这个目标，二是他要具

实践与分享

备实现这个目标的能力。因此，**目标、信念、能力是孩子行动起来的三个必要条件**。举个例子来说吧，猴子爱吃桃子，树上有桃子，猴子想吃，这时猴子有了目标；猴子相信自己能摘到桃子，这时它有了积极信念；猴子能爬树，它具备相应的能力。于是猴子开始行动，最终拿到了桃子。我们再来看，狗也想吃桃子，狗有了目标，狗也相信自己能够摘到桃子，于是狗去爬树，但是它没有爬树的能力，尝试几次后就放弃了，不再行动了。

孩子有了目标，想学习，并且相信自己能学好，于是专心投入，行动后如果能看到效果，就会继续下去，再经过一段时间的坚持，孩子成绩提高了，他更加相信自己能学会、能学好，从此形成良性循环。但如果尝试了几天后发现自己的努力没有效果，于是就开始怀疑自己，产生了我学不好的限制性信念，再加上诸如手机、游戏等其他的诱惑和干扰，最终放弃了学习。这就是孩子学习三分钟热度的主要原因。

相信家长们已经知道了，为什么孩子只有三分钟的热度，总结起来主要有两个方面：一是孩子缺乏相应的学习能力，二是看不到努力的成效。谈到这里，估计有些家长又犯难了，因为他知道能力不是三天两天能培养出来的，能力的培养需要时间。

其实，学习能力的高低是相对的，对于大多数学生来说，一般的学习能力是具备的，只是有的学生能力高一些，有些学生能力低一些而已。换句话说就是有些孩子学得快，有些孩子学得慢一些，但是都能往下学，都能取得学业上的进步。在不断学习的过程中孩子的学习能力也会提高，当然，如果给予孩子一些有效的学习方法上的指导，孩子的学习能力提高得会更快。

在学习能力的培养方面，家长能做的很有限，但是我们可以引导孩子，让他们学会看到努力的结果，并不断地给他以积极正面的反馈，这样孩子的学习就会持续下去。

我们都知道，孩子在玩游戏时往往会很投入，游戏就是在利用积极正面的反馈来让孩子着迷的。

有些孩子对游戏有了兴趣想玩游戏，有些孩子希望通过游戏获得成就感，有些孩子是为了在同龄人中有融入感。在辅导时经常有孩子对我说，我们班的同学都在玩游戏，如果我不玩，我和他们都聊不到一块儿去，人家也不愿意跟我玩。不论什么原因，孩子有了玩游戏的目标，同时他相信自己能玩好，于是开始玩游戏。刚开始的时候一定是笨手笨脚的，因为他的能力还有待提高，但是，游戏的正向反馈带给了他持续的动力。游戏的升级、奖励甚至是鼓励性的语言、在网络中同伴的加油点赞等，都让他很有成就感。在玩游戏时难免会遇到困难，过不了关、升不了级，但他心里没有负担，反而越战越勇，他会想，大不了从头再来！从头再来的时候他会对游戏设置的情景更熟悉、操作也更娴熟，他可以明显感受到自己的进步，这些都是正向反馈，让他更有信心，这又为他提供了持续的动力，于是孩子越玩越上瘾。

在学习方面，很多家长和老师都是以分数论英雄，致使孩子形成了一个错误信念：分数提高了，我就进步了。分数降低了，我就退步了。分数成了老师、家长、学生评价学习效果的唯一标准。这样，如果孩子努力了一段时间但是分数没有提高，孩子会有很大的挫败感。这时家长和老师往往会表现出对孩子的不满或遗憾，这些负面反馈会让孩子开始质疑自己的学习能力，形成"我学不好，我学不会"的限制性信念。

家长要明白，考试分数是很难衡量一个孩子的进步的。比如，孩子可能在某科的A部分进步了，而考试检测的是B部分，这时孩子分数不提高甚至降低都是非常正常的，而他们的进步却是实实在在地发生了。再比如，在考前孩子们要积极准备，会做大量的题，会背很多知识点，然而在考试中这些题目、这些知识点遇到的可能性有多少呢？一张试卷的容量有限，它只能片面地对孩子所学知识进行检测。因此，用分数是否提高来断定孩子的进步，是非常不合理的。

对终于下决心要开始努力学习的孩子来说，他们的基础往往比较差，努力几天就想考出好成绩是很难的。因此，如果用考试成绩评价孩子，得到的都是负面反馈，对孩子的信心影响很大。

成绩比较差的孩子的家长有着共同的特点：一是给孩子的往往是负面的、消极的评价，更多的是在指出孩子学习中的错误和不足，因为家长认为只有把这些不足指出来，孩子改正了才会变得更完美。这样做，表面看很有道理，然而家长忽略了一个最基本的事实——孩子是有感情的，长期这么做孩子会觉得很不舒服，不仅影响孩子学习的积极性，还有可能导致孩子厌学、越来越不自信，甚至影响亲子关系。二是用"逃避痛苦"去推动孩子。"不完成作业就不要吃饭！""不努力学习将来你就……"这种激励方式有时是有效的，但它的副作用也很大，很容易让孩子给自己贴上"我不行""我没长性""我不用功"的负面的标签。这些负面标签直接影响着他的行为。

那么，家长怎么做才能激发孩子的学习动力呢？答案是，**给予孩子正向的、积极的反馈，让孩子看到自己努力带来的成果，鼓励孩子坚持下去。**

比如，孩子背单词come，背了几遍以后默写，写成了came。请问，你会给孩子多少分？估计大多数老师和家长都会给孩子0分，甚至有些家长还会训斥孩子："这么简单的单词你都记不住，你太不用心了（你太笨了……）"这时孩子会怎么想？"我记错了，我白背了，我太笨了。"家长和孩子做出的都是负面评价，这样做是提高了孩子学习的积极性还是打击了孩子的积极性？答案不言而喻。其实我们可以换一种评价方式：孩子写成了came，当发现自己写错了的时候孩子会有些失望，这时家长问他："刚才用心背了吗？""用心了。""有成果吗？""没有。"家长告诉孩子："不对，四个字母你记住了3个，你的努力没有白费，你进步了，现在就剩一个字母了，能不能背下来？"这时孩子会怎么样？会不会积极地把那个字母记住？孩子会不会继续学习？

通过上面的分析不难看出：正向反馈，为孩子的行为提供了持续动力；正向反馈，是让孩子的热度持续下去的关键。

因此，要想使一个行为发生需要具备三个条件：一是目标，二是信念（相信自己能做到），三是能力。要想让行为持续下去还要满足第四个条件：正向反馈。

第四讲　如果孩子讨厌老师，家长该怎么办？

俗话说：亲其师，信其道。每个人在上学时都有喜欢的老师和不喜欢的老师，在上喜欢的老师的课时，会全神贯注，听讲、学习效率都很高，成绩相对要好。如果不喜欢哪个老师，上课时自然会有一种抗拒，同时不愿意做这个学科的作业，学习效率低，成绩也差些。有时老师的一个眼神、不经意的一句话，对孩子的严厉批评、严格管理，都可能成为孩子讨厌老师的理由。然而，无论理由多么充分，中、高考招生时没有人会因此而同情你；无论理由多么充分，孩子都是"讨厌老师这个事件"中的受害者。那么，如果孩子讨厌某个老师，家长该怎么办呢？

第一，家长要清楚"讨厌老师"可能给孩子的学习和生活带来的不利影响。一方面，孩子的学习质量会下降，出现偏科，单科成绩影响整体成绩，进而影响孩子的信心和发展。另一方面，孩子上学时讨厌某个老师，但又不得不每天和这个老师相处，影响孩子的情绪和生活质量。因此，讨厌老师带给孩子的负面影响是很大的，不能忽视。

第二，要引导孩子理解老师行为的积极动机，同时让孩子认识到"永远不要让自己成为受害者"。

NLP认为：任何行为背后都有积极动机！我们可以利用NLP感知位置技术，引导孩子换位思考，体会老师行为的积极动机，让孩子意识到他讨厌的并非老师这个人，而是老师的行为。（具体操作可参考"感知位置技术"中初二男孩讨厌物理老师的辅导案例）

"凡事发生必有助于我"，提醒孩子以积极心态对待身边的人、事、物。心理学认为，对一个人造成影响的不是事件本身，而是对事件的解读，也就是NLP中的程式选择。告诉孩子，你可以选择成为受害者，也可以选择从中获得力量。

有这样一个故事，在美国，有一对双胞胎兄弟，哥哥是商业精英，而弟弟是酗酒的流浪汉。当地媒体对此很感兴趣，既然是双胞胎，基因一定很相同，为什么他们的命运会有这么大的差异呢？于是有记者去了解，是否因为不同的成长环境对他们造成了不同的影响。结果发现，这兄弟俩的父亲酗酒，喝醉了回家就打孩子的母亲，孩子的母亲不堪家暴于是离家出走，把两个孩子留给了父亲。从此，孩子的父亲在外喝醉后回家就打兄弟俩，后来父亲被捕

方法对了，教育就简单了

174

入狱，兄弟俩被送到一家孤儿院。这时记者就更纳闷了，两个人基因相同，成长环境相同，为什么命运差别这么大呢？记者去采访兄弟俩，让他意外的是，兄弟俩说了同一句话：有这样的父亲，我能怎么样？这句话从兄弟俩嘴里说出来，含义是不同的。哥哥的意思是，我有这样一个父亲，如果不自立自强，还能怎么办？他从中得到的是力量。而弟弟的意思是，有一个酗酒的父亲，我不酗酒，还能怎么样？很显然，弟弟就是一个受害者。同样，老师的行为产生的影响并不取决于其行为，而是取决于学生的解读。同样一句话，对学生可能是毁灭性的打击，也可以带给学生强大的正向力量（常说的激将法）。"凡事发生必有助于我"就是引导一个人以积极心态来解读身边的事物。

"就你这种水平，连普通高中都考不上！"有的学生听了会很受伤，于是"玻璃心"上绽出道道裂痕；而有的学生却暗暗发誓"我一定考上重点高中让你看看"，于是勤学苦读，终于考上了当地的重点高中。

第三，让孩子以包容之心对待老师的行为。

在了解了老师行为背后的积极动机后，家长还要告诉孩子，老师也是普通人，难免会有情绪，难免说错话，办错事。如果孩子能以积极心态对待老师这些不恰当的行为，就开阔了心胸，让自己得到了成长。

如果确实觉得老师的言语过分，孩子的情绪难以平复，家长可以利用NLP中的亚感元调整技术帮助孩子平复情绪。

具体做法是，让孩子脑子里出现老师批评他的画面，这时孩子脑中的画面往往会很大、很清晰，画面位置也比较高，看到这个画面孩子会有一种很不舒服的感觉。引导让孩子把画面变小、推远、变低，他低着头看着老师在批评他，这时孩子的感受就会好很多，甚至有些孩子会觉得很好玩儿。

讨厌老师是学生中常见的现象。面对一个让学生"讨厌"的老师，我们至少有两种选择：选择成为受害者，或选择从中受益。聪明的你会怎么选择呢？

第五讲　孩子"逆反"了，家长怎么办？

有很多家长跟我诉苦说孩子开始不听话了，逆反了。面对孩子的逆反，家长们常常手足无措。然而我觉得，**逆反是家长在无力教育孩子时，为了推卸责任给孩子贴的负面标签。**

孩子一定会逆反吗？下面我们分析所谓逆反是怎样产生的。

家长们都有体会，孩子在小的时候不会逆反，因为小的时候孩子没能力、没能量，但是有需求，在他们眼中父母就是神一般的存在，无所不能。特别是家长能够满足他们被爱的需求，孩子心里明白这一点，所以他会变着法子让父母满足他们的需求。比如，孩子想要玩具，一开始他向父母表达诉求，父母不答应，他就开始央求，父母还是不答应，他就有可能撒泼耍赖……这时，孩子是主动沟通者，听说、照做、耍赖是他们很好的一套适应生活、满足自己需求的策略。因此，在孩子小的时候，父母和孩子沟通是没有问题的。随着孩子年龄的增长、能力的提高、阅历的增长，孩子逐渐变得有能力、有能量了，对事物有了自己的认识，这时他不再过度依赖父母，很多时候会有按照自己想法做事的冲动，于是他开始想办法尝试。因为受能力和经验的限制，孩子的很多想法或做法在家长看来并不完美，这时家长往往会指手画脚，而孩子更想按自己的想法去实践，这时父母发现孩子开始不听话了，逆反了。又因为在父母的心中早有对孩子"逆反"的担心，所以很少考虑是否自己有问题，而是把责任推给孩子、归结为孩子的逆反。

逆反可以分为假逆反和真逆反两种。在辅导孩子的过程中我发现，假逆反又有两种情况：一是孩子想按照自己的想法尝试，这时家长错误地解读为孩子逆反。比如，从小你就让孩子去你家东边的超市买酱油，每次都是孩子拿着钱，从东边的超市把酱油买回来，你觉得孩子很听话。但是有一天孩子拿起钱就朝着西边走去，这时你可能就会想"我让你向东，你偏向西，孩子开始不听话了，逆反了。"其实是孩子发现在家的西边也有超市，也有酱油，所以孩子想尝试看能不能从西边的超市把酱油买回来，于是去了西边。如果家长了解这个情况，支持孩子的想法和做法，当孩子回来的时候，如果看到孩子买的酱油是你需要的，孩子买对了，就及时肯定孩子的想法和做法，告诉孩子："我让你去东面的超市去买，你去了西边的，你开始有自己的判断和想法了，并且勇敢地尝试，很好，你长大了，我支持你。"这时候孩子会怎么样？如果买的不对，家长仍然可以跟孩子说："我让你去东边你去了西边，说明你开始有自己的判断和想法了，并且能勇敢地尝试，很好！只是你看一看，我让你买的是这个牌子，这个牌子的酱油有……特点，你买的是那个牌子，以后……"这时孩子得到的是锻炼和力量。如果这样处理，孩子是不会逆反的。但是，如果家长不理解孩子，认为孩子不听话了，当孩子买的不对时，就可能批评孩子"不听老人言，吃亏在眼前"，这时孩子会觉得家长不理解他，他也会有一种挫败感，如果孩子的能量足够大，真的逆反就有可能发生。还有一种假逆反就是受社会文化的影响：人到了青春期就会逆反。于是开始尝试挑战权威，以求实现自己的一些想法。我辅导过一名高二学生，他妈妈给我打电话说孩子近段时间非常逆反，希望我能跟孩子谈谈。和孩子见面后我问他："听说你逆反了？"他说："是啊！"我问他发生了什么事？他说他们班同学都逆反了，所以他也开始跟着逆反了。

我们每个家长都希望孩子自尊、自信，都希望孩子的能力得到提高，然而自尊、自信从何而来？如果一个孩子想做的尝试没得到家长的支持，反而得到的是指责和批评，可以想见，这样的孩子能够发展出足够的自尊和自信来吗？

NLP认为，孩子14—21岁处于社交期，这个年龄段的孩子开始有自己的社交圈子，他们会觉得朋友比父母更重要，之所以会这样，是因为朋友更理解他。如果家长了解到这一点，也能发自内心地尊重、理解、支持、帮助孩子，那么孩子也会和家长做朋友，逆反是不可能发生的。

因此，如果你发现孩子"逆反"了，你应该高兴，说明孩子长大了，开始有自己的思考和选择了，这些都应是家长愿意看到的。

此外，家长还要引导孩子有包容之心。前面提到，在小孩子的眼中，父母就是神一般的存在。但是随着年龄的增长，在大孩子的心目中，父母会从神坛上慢慢落下来。逐渐地，孩子会发现，在他非常崇拜的父母身上也有这样那样的缺点。孩子开始接受这些是有些困难的，所以家长要及时引导，告诉孩子人无完人，父母就是普通人，有缺点是必然的，每个人都应该勇于接纳自己的不完美。然后对孩子说，如果你看到父母的不足就直言不讳地提出来，全家人一起研究，一起面对。告诉孩子，他会逐渐地超越父母，父母也希望得到他的帮助。这样孩子就能正视父母身上的不足，在帮助家长解决困难的同时，增长个人能力，收获价值感。

第六讲　孩子考砸了，家长怎么办？

考试成绩出来后，有人欢喜有人忧。孩子成绩好，皆大欢喜；孩子成绩不理想，家里便阴云密布。虽说有些家长不愿意给孩子压力，但是因为不知道在孩子考试后如何跟孩子交流，生怕哪句话说错了会影响孩子的情绪，所以在孩子面前说话总是小心翼翼的，这种状态也让家长感到很不舒服。

孩子考出好成绩是每个家长所期待的，因为在家长的心中，好成绩意味着孩子的学习水平高，前途无量。同样，糟糕的分数意味着孩子学习水平低，前途堪忧。家长对孩子未来的担心，演变成了对孩子当下成绩的担心。当看到孩子考试成绩差时，有的家长会认为是孩子不努力、不认真，想到这些，难免会有些怨气，甚至怒火中烧，于是跟孩子冲突起来。

那么，怎样看待孩子的考试成绩呢？下面跟大家分享我的三条假设：

第一条：**到目前为止，孩子的学习水平就是一个定值**。这个定值是由孩子以前的学习状态决定的，不论成绩好或成绩差，家长和孩子都得认可、接受，我们要正视现状，接纳现实。

第二条：**孩子高考或者中考成绩的高低，取决于从现在开始到高考或中考时的进步**。这是一个简单的加法，很好理解。因此，我们要从关注孩子考试的名次和分数，转移到关注进步上来，要关注孩子学习过程中的点滴进步。

第三条：**进步不进步只有自己知道，而分数或名次未必知道**。有的家长朋友可能说了，进步不进步不是由名次反映出来吗？这不还是需要看名次和分数吗？问题就出在这里。由分数和名次的变化来判断孩子是否进步是片面的，因为考试时试卷长度有限，对孩子知识掌握的程度的检测也是不全面的。比如，考试前孩子会积极准备，会背一些基础知识、会做一些题目，然而准备的这些知识在试卷上会有多少呢？

如果家长朋友接受了以上三条假设，就不会再为孩子考了一个糟糕的分数而担心，而是会关注孩子通过考试有哪些提高。

考试可以给孩子带来哪些提高呢？

考试，没有失败，只有反馈。

考试带给孩子的反馈主要有三个方面：一是知识上的反馈。考试结束后必然会在试卷上出现很多叉子，如果我们家长、老师和学生把这些叉子看成了失败，就会得到负面情绪。而成长型思维认为，叉子恰恰是让原来没有掌握的知识浮出了水面，这正是孩子提高的点。因此叉子是进步的起点。二是心态上的反馈。如果孩子能用心体会在考试时拥有怎样的心态更容易发挥出自己的水平并进行反思总结，在今后的考试中继续体验校正，这样孩子就能找到更有利于自己发挥的考试心态。三是考试技术的反馈。学得好未必考得好，考试发挥的好坏不仅仅与考试时的心态有关，还与考试技术有关。有些孩子就是因为在考试中遇到难题舍不得暂时放下，由此耽误了后面思考和答题的时间，所以，考试技术也需要锻炼。

如果接受了考试没有失败、只有反馈这个观点，我们不难发现考试是非常高效的学习手段，它的高效反映在考试的全程。学生在考前会积极准备，学习是高效的；在考试中会全力以赴，学习是高效的；考后根据考试得到的反馈进一步学习也是高效的。这样的高效学习，必然会给孩子带来新的进步。

此外，没有哪个孩子不希望自己获得好成绩。绝大多数孩子之所以成绩不理想是因为他在学习中遇到了很多困难（孩子在学习中的困难请参考学习动力系统理论）。我们做家长、做老师的没有察觉到孩子的困难，更没有主动帮助孩子解决困难，只是一味地认为孩子学习不认真，一味地给孩子施加压力，这样更容易加重孩子的厌学情绪。如果我们能够帮助孩子解决困难，孩子必然会主动学习。

最后我们谈一谈考试结束后，如何和孩子沟通更有效。

孩子考砸了，家长通常会启动一个类似这样的程式：看到糟糕分数—担心孩子前程—想到孩子没有认真学习、仿佛看到孩子在偷懒—愤怒！

如果我们改变一下程式：看到糟糕分数—想到孩子学习时遇到了困难，而困难是孩子成长的大好时机，抓住考试带来的反馈能让孩子获得更大的进步—想办法、找资源，帮助孩子。那会怎么样呢？

关注孩子的进步，告诉孩子考试中的错误是反馈，这些反馈让我们把那些隐藏得很深的不足和漏洞找出来，错误会让我们得到更大提高。然后主动帮助孩子改正错误或找到身边的资源，协助孩子解决困难。这样不论孩子考试成绩是否理想，孩子得到的都是进步，同时可以获得更好的亲子关系。

三、辅导案例

考前焦虑辅导

一个四年级学生，一到考试就紧张。孩子妈妈正在上我的微信直播课，借这个机会，请我对孩子进行辅导。

家长：范老师，我儿子说他考试时会紧张、急躁，怎么办？

为己：孩子几年级？

家长：四年级，他自己发现的问题。

为己：是考试的时候紧张，还是考前紧张？

家长：考试的时候和考前都紧张。

为己：考前紧张往往是由于对考试结果的担心。

家长：现在我儿子就在旁边，让他自己跟您说可以吗？

为己：让小朋友说，可以用语音。

学生：范老师，考完后我怕有的题做错了，所以特别紧张。

为己：你是说考完后怕做错了，所以特别紧张是吗？

学生：是的。

为己：假如说现在已经考完了，你在等结果，你是不是能感受到这份紧张？想象一下，告诉我你的感受。

学生：就是感觉紧张，有什么方法可以缓解我的紧张啊？

为己：想到会错题，你脑子里出现了哪些画面？有什么声音？

学生：有无数只眼睛在盯着我。

为己：哦。

为己：这些眼睛中有你的爸爸妈妈吗？

学生：没有。

为己：有老师吗？

学生：有。

为己：老师是什么表情？看到了吗？

学生：老师已经找到了我的错题的表情。

为己：老师会批评你吗？

学生：会。

为己：眼睛中有同学吗？

学生：有一部分。

为己：他们什么表情？

学生：不知道，只是在看我。

为己：他们是在笑话你吗？

学生：是。

为己：看到这些眼睛，你就觉得很紧张是吗？

学生：是。

为己：如果给这份紧张打个分的话，你会打多少分？

学生：99分。

为己：哦，真是挺高的。好的，现在你把刚才看到的画面变亮，不仅能看到他们的眼睛，还能看到他们的脸。

为己：调整完以后告诉我。

学生：我看到了笑容。

为己：👍

为己：如果你有一个朋友，考试时错题了，你愿意帮助他，还是会嘲笑他？

学生：我愿意帮助他！

为己：很好。那么你的朋友呢？在你做错题时会不会愿意帮你？

学生：有的会，有的不会。

为己：如果有人愿意帮你，你会有怎样的心情？

学生：我会感激帮助我的人。

为己：很好！老师呢？看到你错题，他会怎么做？

学生：会让我改错题，再抄十遍。

为己：哦，想到这些，你有什么感觉？

学生：我感觉老师很过分！

为己：哦，我能体会到你的心情。那么，假如你是一个老师，你班上有个学生考试出错了，你让他改错，并抄十遍。告诉我，你这么做想达到什么目的？

学生：让他记住。

为己：让他记住，对他有什么好处？他的成绩是不是可以提高？

学生：不想他再出错，可以提高成绩。

为己：好的。那么你的老师让你抄，是不是也是为了让你提高成绩？

　　学生：没错。👿👿

　　为己："感觉老师很过分"，可不可以这样理解：老师这样做是为了你能提高成绩，只是你不喜欢老师让你抄十遍的做法？

　　学生：没错。

　　为己：好的，现在想想老师，是不是比以前舒服了？

　　学生：是的，谢谢老师！

　　为己：好的，再看看刚才脑子里出现的调亮的画面，告诉我，感觉怎样？

　　学生：非常轻松！

　　为己：很好！

　　　　　咱们再聊几句，好吗？

　　学生：好。

　　为己：今年你小学四年级，是吧？

　　学生：是。

　　为己：期末考试是不是要考整个学期的内容？

　　学生：是的。

　　为己：一学期你学到的知识很多，是吧？

　　学生：没错。

　　为己：一定会有很多知识你学得很好，而有一些掌握得不透彻，是吗？

　　学生：是的。

　　为己：如果能把掌握得不透彻的找出来，进而学得更扎实，你会不会进步更大？

　　学生：应该会。

为己：是应该会，还是一定会？

学生：一定会！

为己：很好！考前你会不会做这件事：把掌握得不扎实的找出来。所以你会认真复习？

学生：肯定会！

为己：当然，复习的未必考得到，是吗？

学生：对。

为己：不论考到，还是没考到，你学的知识都更多了，你都进步了！是吗？

学生：可有时候分数还是没提高。

为己：我说的进步不是指你的分数，是你学的知识多了。

学生：哦，明白了，范老师。

为己：所以，考试出现错题，是不是帮你把掌握得不扎实的知识点挑出来了？

学生：是的，谢谢范老师帮助了我，我对考试有十足的信心了！

为己：如果你及时把它解决掉，是不是就有进步了？

学生：是的，一定会有进步！

为己：所以，从长远角度看，错题是不是能让咱们进步更快？

学生：的确能！但我在遇到不会的题时，总会紧张。

为己：如果考试后，咱们把错题改了，我们通过考试又进步了，是不是会高兴？

学生：是很高兴，不过有时伤心。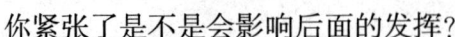

为己：的确能！但我在遇到不会的题时，总会紧张。你紧张了是不是会影响后面的发挥？

学生：会影响。

为己：老师教你一个办法吧。不会的题并不一定是最后一道对吧？

学生：不是。

为己：当你遇到不会的题时，就跟自己说，"后面还有属于我的分数，我要先把那些分拿到手。"理解吗？

学生：理解。哦，不会的题怎么办？空着吗？

为己：先做个记号，做会做的，回头再做那些空着的。明白吗？

学生：明白，但要是想不出来呢？我担心我自己已经失去了思考能力。

为己：想不出来你也尽力了，就留到考后问老师或者同学，会了，就进步了。

学生：明白了。

为己：现在想想考试，有什么感觉？

学生：马上想考，什么都不怕。😼😼

为己：👍👍👍 那今天就到这儿。

学生：谢谢老师！🤝🤝

为己：有时间再看看咱们的聊天记录。🤝

学生：好，老师再见。🌙

为己：再见。

家长：他很期待和您见面。

（期末考试后和家长沟通，家长说孩子心态很好，能够正确对待考试中的错误，自己分析原因，考试时也不像以前那么紧张了。半年后和家长沟通，家长说孩子的心态保持得很好）

（范先稳）

数学偏科辅导

一、基本情况

韩同学，高一女生，数学较差，期中考试年级818名，其中数学74分（班平均102.89分），数学年级名次1017名，英语成绩最好126分，年级名次100名。

自述不喜欢数学，数学作业通常是在其他科目完成后才做，上数学课能听懂，做作业有难度。看到数学书就紧张，不喜欢。打开她的数学书，基本上没有阅读过的痕迹。

喜欢英语，成绩也很好。我让她想象打开英语书，感觉比较放松，很喜欢，与数学的感觉差别很大。

做数学作业时，如果遇到难题就不想做了，即便有时会去查笔记、问同学，也比较被动。做英语作业时，感觉比较轻松、自信，遇到不会做的题目能主动去查字典、看笔记，往往能自行解决。

心中有一个限制性信念：女生文科可以学得比较好，要学好理科很困难。

二、辅导过程

（一）利用NLP亚感元调整技术缓解负面情绪

我告诉学生，学不好数学的原因并不是女孩子没有学习数学的天赋，而是在学习心理上存在着一些诸如"我学不会数学"等限制性信念和伴随数学学习的负面感受。一旦学习数学的感受发生了变化，你不仅能学好数学，而且会喜欢数学。

1. 确定学习的亚感元。

师：脑子里出现学习数学的画面，然后体验一下感觉。

生：有些压力，看着比较烦，太乱，公式很多很杂，不想做。

师：擦除数学画面，脑子里出现学习英语的画面，看着这个画面，体验一下感觉。

生：轻松，比数学有意思，喜欢，觉得有条理。

师：如果从0—10，0是很讨厌，10是很喜欢，对于数学，是几？

生：4。

师：英语呢？

生：9。

师：喜欢或者讨厌这个学科，是你学得好坏的主要原因，并非由男、女决定。

师：比较两幅画面的亮度、清晰程度、色彩、大小、远近，是动态的，还是静态的？

生：英语画面比较亮、清楚、色彩鲜艳、小、离我近，是动态的。数学是静态的。

2. 亚感元调整。

师：将数学画面变亮、变清晰、色彩变得鲜艳些、变小些、靠近些、动起来。

（调整完成）

师：感觉怎么样？

生：感觉不那么烦了，题目中的条件也比以前清楚了。

师：0—10，你选几？

生：6。

师：很好。

（打破状态，闲聊了几句）让她再次出现学习数学的画面，体验感受，她告诉我仍然是6。这就说明，再次出现的画面是经过调整的。

（二）体验阅读，增加信心

1.阅读测试。打开数学书，翻到"诱导公式"一节。

师：看到"诱导公式"这个题目，你脑子里出现什么？

生：奇变偶不变，符号看象限。

师：是画面还是声音？

生：声音。

师：脑子里有诱导公式吗？

生：没有。

师：诱导公式一共有几组？

生：6组。

师：你记住几组？

生：我没有记住，看到题以后我就直接做。

师：好的，我们一起来看看课本。你先看第一段，看完后告诉我。

课本第一段的内容如下：

我们利用单位圆定义了三角函数，而圆具有很好的对称性，能否利用圆的这种对称性来研究三角函数的性质呢？例如，能否从单位圆关于x轴、y轴、直线$y=x$的对称性以及关于原点o的中心对称性等出发，获得一些三角函数的性质呢？

韩同学看了大约10秒钟，说看完了。我拿过书，让她把这一段背一下。

生：圆有很好的对称性，我们可以再从圆中总结出一些有关三角函数的关系。

师：你在背诵时脑子里有什么？是画面，还是声音？

生：画面，有坐标轴、有圆。

师：你确定你背的是正确的吗？

生：不确定。

师：那怎么办？

生：再看一遍。

我把书交给她。大约30秒后，她把书递给我。

生：我们从单位圆定义了三角函数，能否通过在单位圆中关于y轴和原点对称总结出另外一些关于三角函数的性质。

师：在背诵的时候，你脑子里有什么？

生：坐标轴、圆，还有一些文字。

师：你背的文字在课本上全有，只是字的顺序与书中不同。

由韩同学第二次背诵不难看出，她的背诵明显缺乏逻辑性。她只是按自己对诱导公式的有限的理解和脑中的一些文字以及图片组合起来，形成了一个"四不像"的东西。在这个过程中，学习根本就没有发生。

2. 阅读指导。

师：我们一起来看这一段。先看第一句："我们利用单位圆定义了三角函数。"看到这一句，你脑子里出现了什么？

（韩同学说不出，我接着提示）

师：脑子里有没有出现"单位圆"？

生：有。

师：什么是单位圆？

生：半径是单位1的圆。

师：一说三角函数，你脑子里出现了什么？

生：正弦、余弦、正切。

师：把这些画出来。

我提示学生标出A点以及它的坐标（ x，y ）。

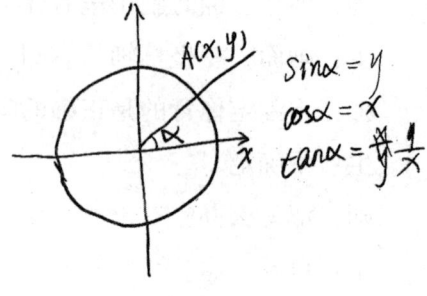

师：从这个图里，你可以得出 sin 等于多少？

生： $\dfrac{y}{\sqrt{x^2+y^2}}$ 。

师：对于单位圆， $\sqrt{x^2+y^2}$ 等于多少？

韩同学略加迟疑，随后说："1"，于是写下了上图的三个表达式。不过在写正切时写成了 x/y ，经提示后改成了 y/x 。

师：这就是书上所说的，利用单位圆定义了三角函数。我们接着往下看第二句："而圆具有很好的对称性，能否利用圆的这种对称性来研究三角函数的性质呢？"

师：看到"圆具有很好的对称性"，你脑子里出现了什么？

生：对称，以 x 轴对称，以 y 轴对称，以圆心对称。

师：看完整的这句，是不是可以猜到，下面要利用圆的对称性来研究三角函数的性质？

生：是的。

师：继续。"例如，能否从单位圆关于 x 轴、y 轴、直线 $x=y$ 的轴对称性以及关于原点 O 的中心对称性出发，获得三角函数的性质呢？"这一句是不是告诉咱们，下面要从单位圆关于 x 轴、y 轴、直线 $x=y$ 的轴对称性以及关于原点 O 的中心对称性出发，获得三角函数的性质？

（这样提问，是让学生注意上下文的逻辑关系）

师：我们继续学第二段。你先看，看完后告诉我。

（韩同学又很快地看完了）

师：给定一个角α，你脑子里有角α吗？

生：没有。

师：你在刚才阅读的时候，只做了一件事，就是把文字变成了脑子中的声音（有的学生脑子中没有声音），看到α、π−α，你只是有一种懂的感觉，而没有真正思考α与π−α的终边到底有什么关系。这样读，你得不到什么收获，这也是你以前读课本觉得没有什么用的主要原因。

师：现在你画一个角α，画出单位圆。画出π−α，看看它们的终边有什么关系？

画出后得出了关于y轴对称。随后写出了它们之间的三角函数关系。

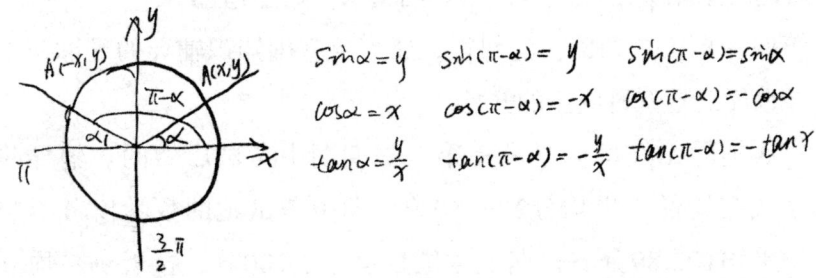

按上述方法继续学习了下面的内容。

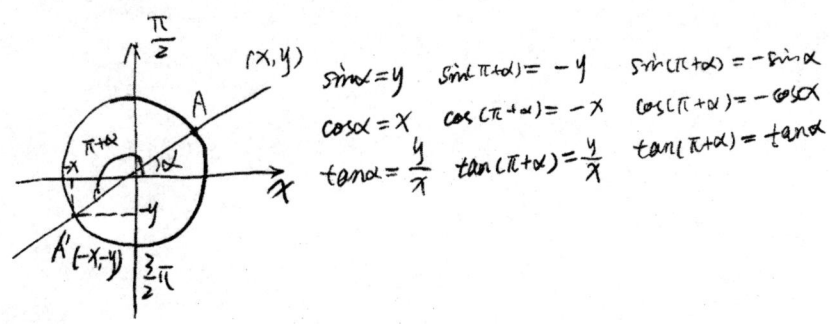

最后合上书，我问她脑子里有什么，她说差不多都记住了，书上的东西脑子里全有。

辅导结束后，让她再次确定脑子里所学数学的画面，她说：比以前清晰了。问她对数学的感觉，答：不再那么乱了，有点喜欢了，数值变成了8，觉得数学挺有意思的。最后我嘱咐她，利用元旦时间按今天的方法学习数学书中的内容。

三、总结

第一，偏科除了与学科基础有关，还与学习时伴随的情绪有关，所以，解决偏科首先要处理负面情绪。

第二，通过亚感元调整和积极的学习体验，使学生在学习时有积极情绪，同时也改变了其"女生学不好数学"的负面信念。

第三，在辅导时，由于时间关系，没有做"未来预演"和数学遇到难题时采用英语难题解决策略的植入，略感遗憾。

第四，真正做到偏科的纠正，还需要基础知识辅导的支撑，本次辅导也仅仅是偏科纠正的开始。

本次辅导是在韩同学高一第一学期期中考试后做的。辅导前其数学成绩均低于平均分20—30分，期中考试她的数学仅考了74分（班平均102.89分），期末考试数学考了100分，接近班平均分（103分），考出了进入高一后的最好成绩，总成绩比期中考试进步197名。

（范先稳）

利用亚感元调整技术消除孩子的负面情绪

11月28日晚上，上完课回到家，吃过饭后，我整理当天的学习笔记、电子材料及照片。

儿子走到我旁边看，然后问："妈，今天范校长教啥内容了？"

我说，收获可大了。

儿子很好奇："是啊，具体说说。"

我说："你不是让妈学学催眠术吗？今天范校长就教我们了。"我故意激起他的兴趣。（不知道方法是否妥当）我说："要不，妈妈给你试试，检验一下我学习的效果？"

儿子说："好啊！"

我让儿子坐在客厅的沙发上，我坐在儿子正对面。我摸着他的手说："你能回忆一件让你很生气或委屈或愤怒的事吗？把眼睛闭起来，回忆一下。"

儿子闭上了眼睛，说："我在×中上学时，数学课上老师让做题，我不会做，老师从最后一桌把我拽到讲台上，给我讲，问我会了没，我还是不会。老师当着全班同学的面儿狠狠地批评我，还用手打我的脑袋，当时我又羞愧、又愤怒、又恐惧，觉得面子丢尽了，如果地上有缝儿我就想钻进去！到现在都还能想起她面目狰狞朝我吼的样子。"

我能预料到儿子会说这件事，这是他心里的一道伤痕。我很心疼，但是我也知道老师是出于责任心想让他学习好，老师的动机是好的，只是结果不如意。今天正好用亚感元调整技术试着疗愈一下儿子心里的阴影。

"宝贝，你眼前出现的是什么？是画面吗？"

"是。"

"画面清楚吗？"

"很清楚，就在眼前。"

"是彩色的，还是黑白的？"

"彩色的。"

"画面很亮吗？"

"很亮。"

"老师的声音很清楚吗？"

"很清楚。"

"好，现在你把自己当成是看电影的人，你现在就坐在电影院的座椅上，电影院的屏幕上演的就是这个场景，能想象出来吗？"

"不能……"

经过几次引导，儿子说能想象出是看电影的感觉了。

"现在你脑袋中想象的画面有多大？"

"电影院里屏幕那么大。"

"好，现在把画面变小，变小。"

"不会。"

经过几次引导，儿子说，画面变小了，小到如手机壳上显示屏般大小。我又让他从画面的清晰度、颜色、声音、亮度方面进行想象，变暗——变弱——变小——变模糊。调节过程中，儿子胖嘟嘟的脸上淌下了泪水。

最后，儿子说能看到画面上都是电视雪花，模糊不清，直到抛到很远的地方。

"妈妈我很困，想睡觉。"他眯着眼睛，轻轻地说。

"那就睡吧。"我摸摸儿子的头。

儿子在沙发上眯了一会儿，大约5分钟，醒来后说："妈妈，我睡着了吗？"

"好像睡着了。"

"我现在又不困了。"

"心情感觉怎样？"

"好多了。"能看出儿子很轻松的样子。

感悟：孩子在成长的道路上，会遇到各种成长的问题，只有家长学习了，成长了，有智慧了，才有能力帮助和引导孩子。前两天在微信中看到了一段话，觉得很有道理，"教育是一种自醒的途径，教育的本质是家长的自我修行。孩子是链接你与修行路上的一座桥，通过这座桥你找回你自己"。

（李蕊）

消除恐惧案例一　儿子睡得踏实了

"妈妈，我睡醒觉很累，总是半夜惊醒几次！"我担心着孩子的身体，睡不好怎么有精神投入高效学习？可是以前儿子也说过这样的情况，我却没敢尝试过给他调整，甚至想过段时间就会好的。没想到孩子还是常提起这样的场景。这次是范校长提醒我，我才真的意识到儿子的恐惧心理，并尝试用亚感元进行了调整。

情景再现：漆黑漆黑的夜里，孩子在前面跑，后面有人追，看不清脸，脚步却清晰。

频率和时间：经常出现在梦里，已经有一年多的时间，大概就是爷爷过世以后。

"凡事发生必有助于我。"对，就我们娘儿俩在家，特别安静，用亚感元调整一下！（不知道哪来的勇气。我以前不敢挑战自己，怕运用不好，会更糟糕）

"儿子，你闭上眼睛，让你自己看见你在梦里的场景，场景里需要有你，什么颜色？有什么声音？离你多远？感受一下你现在的害怕程度，在1—10之间，你选几？"儿子回答："7。"

孩子的估计数值不低。我也进入状态。

"现在你看看，如果镜头在墙上，什么颜色？"

"漆黑漆黑，黑得可怕。"

"你现在试着把黑色调淡，慢慢让它变成雪花状态。"

儿子试图改变，可是抱着头说："太痛苦了！已经这么根深蒂固的场景，怎么可能调整好。"

看着儿子的痛苦，我心疼不已："儿子，相信妈妈，一定能行！"

"我们换一个话题吧。"儿子看着我，调整一下状态。特别配合。

"儿子，咱们想一个让你高兴的事，在大脑里检索一下。"他似乎找到了，示意我。我接着问，在1—10之间，程度到几？

"4。"

也难怪，刚刚从那个场景出来，自然不会太兴奋。我试着让儿子把画面调亮，调大，色彩调鲜艳。声音呢？他说没有。我说，那好，保持现状，现在给感受一个数值，他说"6"。

我觉得可以继续了，现在是一个机会，进行下一步。

"现在我们再试着看看那个场景？"他积极配合。这次我用了抽离法和双重抽离法，让他变成局外人，然后调整颜色变淡，把声音调小，把屏幕变到手机上。渐渐地，儿子舒展了双眉。我说："可以把那个东西变成小石子踢开吗？""可以！"他说。这时我觉得孩子真的在状态里面，最后他说数值到3。

当我把这个消息告诉范校长时，得到老师的一句话："你第一次调整了恐惧症。"我恍然大悟，又问了一句："我做得对路子吗？"范校乐呵呵地回答："有效果比有道理更重要！"我笑了，原来自己置身其中却不觉。

那一夜儿子和我相拥而睡，体会着幸福和快乐，我静静等待早晨醒来的他。

"儿子，休息得怎么样？"

"很好！"

不必再说其他。

文中开始的一幕就是第二夜和我们一起睡，巩固一下成果。睡前，我们俩一起问儿子："和爸爸妈妈在一起睡，你有什么感受？""幸福！""还有呢？""踏实。""还有呢？""好像回到了小时候。"

呵呵，开心的几天，终于记录了下来，兴奋的我已经不知道困是什么滋味，用儿子的话说，我俩一起学习，感觉家里气氛越来越好了，越来越温暖了！

真心感恩，有家人们的陪伴，真心感谢，有导师的引领，真心希望家人共同进步！

（侯立岩）

消除恐惧案例二　老师，我很害怕！

一、基本情况

田同学，女，13岁，初一学生。三口之家。父母都在打工。

心理课上学生活动时，她偷偷塞给我一个小纸条："老师，我很害怕，请帮帮我！"后面画了一个流着眼泪的可怜兮兮的小女孩儿，画得很小，很单薄。

课后我找到她，微笑着问："你怕什么呢？"她不好意思地说："什么都害怕。""怎么害怕呢？""我不敢自己在屋里待着，天天必须妈妈陪着我睡觉。不敢自己来上学，也不敢自己上厕所。""多长时间了？""有一个多月了。""现在害怕吗？""害怕。""现在怕什么呢？""害怕鬼。我觉得处处都有鬼，就在教室里飞着。"她可怜的神态、怯怯的声音，让我觉得不像开玩笑，就和她约定好时间进行沟通。

二、沟通技术

绘画疗法、NLP。

三、第一次辅导

田同学如约来到心理咨询室，是同学陪着来的。她说，自己不敢上楼梯，得同学送她过来。她的说法得到了同学的证实。

（一）来访者主述

上初中后，同学们在课间讲关于鬼的故事，当时听着虽然有些害怕，但又觉得很好玩，就听了一些。后来，又看了一些鬼故事的书，看书比听故事还害怕。后来不敢看了。但越来越害怕，现在自己不敢在屋子里待着，更不敢自己睡觉，必须妈妈陪着。

（二）辅导过程：画出心情

我让田同学坐下来，自主选用需要的彩笔，闭着眼用涂鸦的方法画出自己的心情。她选用黑色画笔，在A4纸上胡乱涂了起来，涂得很乱，画面很大。涂的过程中，她脸上的肌肉绷紧，看得出她的紧张和害怕。

画完后，我让她给图画起个名字，用1—10的数字表示恐惧程度，写出恐惧指数。她起的名字是"恶鬼"，恐惧指数是9。

我让田同学说说鬼的样子。她说："非常可怕！我觉得周围有许多恶鬼！什么样的都有！有像骷髅的，眼睛是大大的黑窟窿；有伸出大长舌头的，带着血；有的张牙舞爪，好像要来抓我……"这样说着，她表现得极度恐惧。于是，我停止了询问，决定直接用NLP技术进行调整。

（三）NLP技术调整过程

1. 抽离。

"请你在沙发中以自己舒服的姿势坐好。呼吸放松。"

"请闭上眼睛，想象自己正在欣赏一场电影，电影就在对面的墙壁上放映。电影放映的是你现在的害怕情景，而你自己正坐在沙发上欣赏这样的电影。"

"请你把电影中的画面变清晰，看看周围的样子，看到了吗？"

"看到了。"

"描绘一下你看到的画面。"

"画面中飞着许多魔鬼，他们飞着，发出令人害怕的声音，做出令人害怕的样子。我缩在墙角，非常小，并且非常害怕。"（从

她脸上紧缩的肌肉和面部表情，能明显感受到她的恐惧）

"害怕的是电影中的你，而真正的你坐在沙发上看电影。你在这里看着电影中的你时，你的感觉是什么？"

"好像不那么害怕了。"

"现在害怕指数是几？"

"7。"

2. 亚感元调整。

"现在电影画面呈现的什么色彩？"

"黑色的。"

"你有能力调试画面，把画面中的魔鬼变成你喜欢的颜色。试试看。" "变了吗？再把画面变亮，变亮。亮了吗？现在感觉怎样？"

"变颜色了，亮了，感觉不那么恐怖了。"（此刻，明显看出她脸上的肌肉不那么紧张了）

"现在恐惧指数是几？"

"6。"

"你还有能力改变他们的形状。你最喜欢的是什么？如喜欢的小玩具，最喜欢吃的小食品、水果等。请你把那些魔鬼变成你喜欢的东西的形状。"

"嗯。有一个变成了小熊。我可以把他们变成最爱吃的草莓吗？"

"可以啊。你把他们都变成你喜欢的样子，再变成你喜欢的颜色，画面调亮。"

"有一个变成了红红的、大大的、亮亮的草莓！"（此时，她的脸上现出了笑容）

"变了之后感觉怎样？"

"感觉好多了。"

"现在恐惧指数是几？"

"4。"

"你试着把他们的距离和你拉近，你可以改变他们的表情，还可以和他们互动。你看那只小熊可爱吗？摸摸他。"这时，她的笑容更甜了。

"互动以后，恐惧指数是几？"

"3.5。"

3. 心情画。"好，睁开眼睛，请你选择喜欢的颜色，画出现在的心情。"田同学选用橙色的笔，用涂鸦的方式画出了心情。此时的线条变得清晰，画面不那么大了，她起名为"小花猫"。

4. 布置作业。回去之后，当你每天害怕时，就深呼吸，放松，然后坐下来看电影，以欣赏的心情看电影中的自己，然后用你的功力对画面进行调整。

5. 约定。下周同一时间再来咨询室。中间若出现特别害怕的情况，可以当天就来。

6. 辅导效果。田同学的恐惧指数由9变成了3.5，效果显著。她恐惧而来，放松而去。为了保住调整效果，我没有让她自己下楼，而是把她送下去，直到看她进了教室。她很高兴我能送她。

四、第二次辅导

（一）时间：一周后

这一次，田同学又是让上次的那位同学陪着来的。

（二）辅导过程

1. 了解情况。谈话中得知，上周内情况有明显好转。害怕时，用演电影并进行调整的方式调节，害怕程度可以轻一些。但，恐惧指数还是在6以上。现在仍然不敢自己睡觉。

2. NLP调整。

放松。

抽离。（略）

亚感元调整。（略）（之后，恐惧指数从7变成了3）

启动心锚。

"请你闭上眼睛，想象一下，做什么事时，你会特别轻松或特别高兴？"

"和同学过生日时特别高兴。"

"好。想象当时的情景，脑子中出现当时的画面，听到当时的声音，找到当时的感觉。""找到了吗？"

"找到了。"（我看到了她脸上的幸福表情）

"体会那种高兴、轻松的感觉，深吸一口气，让这种感觉充斥全身。当这种美好的感觉特别强烈时，做一个动作，把这种美好的感觉积聚到这个动作上。"（她双臂高举，两手做出"V"字形，口中喊出"yè"！眼睛睁开了）

"你们上节课上的什么课呀？留作业了吗？"（打破状态）

"地理，做《同步训练》。"

"好，再次闭眼，再次出现刚才的画面，再次体会刚才高兴轻松的感觉。当感觉非常强烈的时候，深吸一口气，再做一次刚才的动作，把能量集聚到这个动作上。"（之后，打破状态，再启动一次）

"什么感觉？"

"一个字：爽！"

3. 布置作业。回去每天做一次这样的心锚启动，找到美好的感觉后做这样的动作。当再次出现害怕的情形时，可以用抽离和亚感元调整的方法调节，也可以用启动心锚的方式。哪种办法有效，就用哪种办法。也可以在害怕的时候，直接做这个"V"的动作。

一周之后，向我汇报成果。

4. 辅导效果。这个同学没有再来咨询室。因为学校统一调整教师任课，我不再教她了。没有得到她的反馈。后来，我曾向那个陪着她来的同学打听，说她的害怕好了。

一个多月以后，一次放学见到了她和她妈妈。她说："我现在已经好了。"说这话时很高兴。她的妈妈也非常高兴，非常感谢老师。

（孙玉梅）

四、教师分享

NLP带我走进教育天堂

　　爱是教育的底色。但作为教师，仅有爱是不够的。真正的爱，一定包含着智慧。——朱永新

　　农民种庄稼，光靠爱不行，只有懂得庄稼生长之道才有好收成；教育学生，仅有爱不够，只有懂教育规律学生才有好未来。

　　2015年9月，我因工作需要由车轴山中学（以下简称"车中"）借调到丰润二中担任语文教学工作。和车中的学生相比，二中的学生从学习方法、态度，到学习习惯，都和车中的学生有较大的差距。有的学生不愿学习，上课睡觉、玩手机、每天在书桌旁煎熬，甚至逃课、退学。看见他们这个样子，我心如火焚。我多次找他们谈心，晓之以理，动之以情，然而收效甚微。也有很多学生平时

学习很努力，但成绩依然较差。每次考试结束后，他们看着可怜的分数黯然神伤，觉得对不起父母的养育和期望（我每周让他们写周记，很多同学表达过这种感受）。孩子们同样有一颗善良、感恩的心，他们一样是天使，只是缺少了飞翔的能力。而我作为一名教师，虽然有爱心、耐心，也很想帮助他们腾飞，但是，每当家长愁眉苦脸地站在我面前，向我倾诉他们教育孩子的无奈和无助时，我总是有一种愧疚的无力感。我心里明白，我缺少帮助他们的智慧。作为一名教师，我需要学习。

2016年2月21日，我走进恒之华书社，参加了"NLP智慧家长"班的学习，跟范老师系统学习NLP理论和技术。有人问我，投入这么多的时间和精力却为了一些用鲜血都不可能浇灌出果实的花朵，值得吗？我说：当然值得。因为作为一名教师，虽然不过是自然界一枝最脆弱的芦苇，但我一定要做会思考的芦苇。只有不断地学习，才能应对世界上最特别、最奇妙、最千变万化的事业——教育。

经过学习，我调整了教育心态，学会了科学高效的方法，带领学生走出学习的泥淖，而我也走进了教育的天堂。

第一，NLP使我看清了学生学习出现问题的本质，NLP技法提高了我的课堂效率。

我知道了学生产生学习问题的原因：

1. 负面的学习感受——厌恶学习。比如张泽同学，每天不学习，一上课就睡觉。他说，老师你让我干什么都行，就是别让我学习。不过，我也有优点。宿舍的公共卫生不好做，我就让别人先走，我做。下雪的时候，我班的卫生区处在重要的位置，必须扫得干干净净，学习好的同学不愿意干，我就承包了。他对学习总是躲着、绕着，如遇饿虎豺狼，可见，他厌恶学习到了什么程度。

2. 低效的学习方法。二中的很多学生不会学习，学习效率低下。每天忙忙碌碌，却是在做无用功。所以，他们急需学习方法的指导，提高学习能力，找到学习的信心。

3. 限制性信念。限制性信念就是认为自己学不会，对学习完全丧失了信心。比如张泽同学，一度产生退学的念头，原因就是"我学不会"。即使考一个大专，也需要200多分，而"我是做不到的"。这种限制性信念就像一道道绳索捆绑住了他，使他在学习的面前退缩了。

4. 薄弱的基础。二中学生的基础和一中是没有办法比的。举个例子，二中的实验班，"群山万壑赴荆门"中"群山"的"群"字就有5个同学写错，让我哭笑不得。

学习有问题的学生，都不同程度地存在着以上一种或多种问题，找到了原因，就能对症下药。

有一个故事，商人甲和商人乙同样做买卖。商人甲每天埋头苦干，一年结一次账。而商人乙每天结一次账，收入好时还偶尔和朋友小聚一次。巧合的是，年终二人结账，收入是一样的。如果从做人的角度说，我宁愿选择商人甲，默默付出，不计较回报。可作为一名教师，我必须做商人乙。当然每天不是给自己结账，而是给我所教的126个孩子结账。这样做的结果就是，每天让他们看见实实在在的收获，体验到学习的价值感，激发他们的学习动力。

NLP告诉我，学习有四个层次：第一个层次，不知道我不知道；第二个层次，知道我不知道；第三个层次，知道我知道；第四个层次，不知道我知道。为此，我每天上课前都要进行五分钟的小测验，我告诉学生：测验并非只是检查你们对上节课知识的掌握情况，更重要的是为了把你们"不知道我不知道"的知识点由第一个层次提升为"知道我不知道"的第二个层次。你们将这些知识点弄懂弄通，就进入了学习的第三个层次"知道我知道"。再通过相似的练习，训练技能，形成能力，就达到了学习的最高层次"不知道我知道"。我给他们打了一个生动的比喻：每次考试的收获就像是向银行中存款。随着你储蓄金额的增多，你的知识在不断地增长。也许你在班内的名次没有提高，但是你在不断地进步。这就让学生找到了学习的价值感，而不是在排名中不断地失望、灰心，最后走向绝望。通过我的努力，两个班的语文成绩一直名列全年级第一，很多孩子从不愿学习变成热爱学习。虽然我的付出是巨大的，每天的小测验，我总是全批全改，批改完所有的作业一般要半天的时间。但是，看见学生脸上绽放的笑容，看到孩子们学习上的进步，特别是学习动力的增强，我由衷地感到欣慰。

　　二中的学生学习成绩差，很大一方面是因为他们不会学习，缺乏正确的学习方法指导。比如，记忆。有研究表明，人们获取知识的70%来自记忆。可我们的学生记忆速度太慢，没过几天就忘记了，效果很差。通过学习NLP，我了解到学习类型分为三种：视觉偏好型，听觉偏好型，感觉偏好型。这三种类型中，视觉偏好型的学生记得快，忘得慢，学习成绩优秀。所以，在教学中，我坚持每天的视觉训练。比如，倒背古诗、练写倒字、无纸计算等，学生做得津津有味。在此基础上，我让他们把知识在大脑中形成画面记忆。一次，学生吴亚馨主动找到我说："老师，《寡人之于国也》倒数第二自然段，我老是卡住。怎么办呢？"看见他愁眉苦脸的样子，我先安慰他，问他是哪里卡壳了。他说："'鸡豚狗彘之畜，无失其时'和'百亩之宅，勿夺其时'这两个地方总是混淆，越是想记住越是记不住。"我说："跟老师一起做。看一眼'无失其时'这四个字，看清楚了吗？闭上眼睛，脑子里有这四个字的画面吗？"他说"有"。我说："跟老师先背第一句话，记住了吗？""好，现在把画面中的'无失'两字变成'勿夺'，想象着用笔在大脑中改过来。"他很快就记住了。看着他愉悦轻松的样子，我的心里甜滋滋的。在我的帮助下，孩子们不再惧怕背诵，很多学生开始争先恐后地背诵课文和知识点，记忆比赛蔚然成风。我趁热打铁，教他们背诵英语单词，以及学习理化生的方法。孩子们是多么需要帮助呀！看着他们眉开眼笑的样子，我心中充满了甜蜜。这次月考，就拿情景式默写来说，一共十道题，10分，每道题是默写两句话，相当于20道的题量，错一个字整道题就没分了，我们的默写平均分达到了8.2。记得去年在车中，8分的默写平均也只有3分多一点。是NLP让我找到了帮助学生的方法，让我们师生共同走进学习的天堂。

结合和抽离是NLP里的重要技术。结合，就是把自己融入画面之中，就好像是身临其境。抽离，则是将自己从画面中分离出来，以一个旁观者的姿态审视画面。诗歌要求学生充分展开想象，形成画面。其中，除了画面还有声音、情感。我们把这三要素称为VAK。比如，教学杜甫的《岁暮》：

岁 暮

岁暮远为客，边隅还用兵。

烟尘犯雪岭，鼓角动江城。

天地日流血，朝廷谁请缨？

济时敢爱死？寂寞壮心惊！

当读到第二句"烟尘犯雪岭，鼓角动江城"时，我让学生闭上眼，问他们："你能想象出画面吗？"学生说："烟尘滚滚，号角声声，旌旗蔽日。敌人手持刀剑，跃马而来。"我问他们："你的画面有声音吗？"他们说："有。""好，现在就运用结合的手法。如果你就是诗人杜甫，面对这样的情景，你有什么感觉？"当读到"天地日流血"时，我让他们想象敌人冲进村庄，烧杀抢掠，战士日夜鏖战，血染沙场的情景。读"朝廷谁请缨"时，让他们想象画面。学生说："唐皇端坐在朝堂上，问道：'众位爱卿，谁能替朕分忧，带兵出征啊？'大臣们都低下头，朝堂上鸦雀无声。"我让他们置身这两幅画面之间，一面生灵涂炭，一面无人请缨，说出你的感觉。一个学生激动地站起来，说："我上。"我说："你的感觉就是杜甫的感觉。'济时敢爱死？寂寞壮心惊！'表达的就是这个意思。可是步入暮年又体弱多病的杜甫早已被排挤出官场，他能够去上阵杀敌吗？这些诗句中都包含了作者哪些情感呢？"一切水到渠成。通过结合的技术，让学生融入诗歌，体会思想感情，同诗人的脉搏一起跳动。

　　第二，NLP改变了我的思维模式，提升了我的教育智慧。

　　一天，班长宣布收班费。话音未落，男生张泽故意起哄："不交行吗？"话音拉得很长。其他几个男生也跟着起哄。我走到张泽跟前，没有恼怒，没有责备。因为NLP告诉我，改变思维模式，不做机器人。如果我和原来一样对学生这种起哄的行为大发雷霆，只会收到和原来一样的效果。我问："刚才不想交班费的都有谁？"其他几个学生都默不作声。我问张泽："你为什么不交呢？"他歪着脑袋回答："没钱了。"为了证明自己，他又加了一句："后天就放假了。"我不紧不慢地说："我相信你说的是实话。你是真的没钱了，是吧！"我在使用NLP里"先跟后带"技术的"跟"语言，建立亲和感，消除抵触情绪。他点点头。我说："实际上这是一个非常简单的问题。我给你两分钟的时间，你能想出解决这个问题的三种办法吗？"我在利用NLP里的"任何事情至少有三种解决办法"。他思考了一下，说："我可以向咱们班的同学借，也可以从饭卡里支取，还可以向您借。"我说："你看，你说得多好。你动动脑筋，这个问题就解决了。你自己比较一下，是这些做法好，还是刚才在班上大声喊好呢？"他羞愧地低下头："那样做只会显示我的无知和无能，还显得我的人缘太臭，引来同学们的嘲笑。"我欣慰地笑了。是NLP让我站在学生的身后，启发和引导他们思考问题，这样的教育润物无声，却收到了意想不到的效果。

张泽曾多次想退学，我问他为什么，他说，上个学期根本没学习，所以听都听不懂，像现在这样赖在学校毫无意义。要不是爸爸妈妈极力反对，他早就退学了。父母的期望就是让他考一个大专，而他觉得大专需要200多分，他根本考不了，倒不如退学先赚点钱更划算。下面是我和他的谈话。

师：你觉得你考不上大专，是吗？

生：是啊。我上课连听都听不懂，能考上吗？

师：语文能听懂吗？

生：语文当然听得懂了。

师：你觉得语文能拿多少分？

生：90—100分吧！

师：语文学得不错嘛！生物还没有开课，所以不存在基础的问题，到高二听听讲，能考40分吗？

生：可以吧！

师：剩下英语、物理、化学，每科能考20分吗？

生：应该没问题。

师：你现在计算一下，你能考多少分？是不是将近200分了？

生：是啊！（他很惊讶）

师：到目前为止，你已经有可能考进大专。以后如果你能够努点儿力，把握就更大了。

生：可是，我根本学不进去。

师：语文一节课你能背一首诗吗？

生：应该可以。

师：一节英语课能记住两个单词吗？

生：应该可以记住。

师：数理化每节课记一个公式做得到吗？

生：应该可以吧！

师：好，从明天起，就这样做，坚持一个月，如果还没有进步，再谈退学的事好吗？

在这里我运用NLP里的"下切"的语言技术，消除了他的限制性信念，使他打消了退学的念头。我相信，只要他留在学校，我就可以不断地寻找办法帮助他。

此外，我还利用NLP中"未来预演"的方法激发王建龙、赵玲玉、闫硕等同学的学习动力，利用亚感元调整的方法调整学生考前焦虑。

从学习NLP到现在仅仅三个多月的时间，是NLP让我在茫茫大海上找到了前行的方向，体会到了教育的乐趣和价值。NLP成了我的最爱，今后，我还会不断地学习NLP知识，引导我和我的学生一起走进学习的天堂。

（高淑芹）

实践与分享

NLP让我找到了久违的快乐！

范校长，我每天都在听您讲课的录音，每天听都会有新的收获和感悟。我和闺女的亲子关系改善多了。以前，孩子放学回家都是把自己关在房间里。自从我改变之后，孩子再也不关门了。以前，当孩子把自己关在房间里不出来的时候，我没有意识到是亲子关系出了问题，反倒认为是孩子的心里筑起了一道心墙，把父母关在了外面，不愿意沟通。现在孩子只有晚上要睡觉了才关门，我心里觉得特别舒畅。中午吃饭的时候，她也会说说学校发生的事，我还不太会"先跟后带"，但是我从不反驳她。她说练大型团体操太累了，手里举着牌子，两个小时要求一动也不让动。我就告诉她，太累了，可以稍稍地动一下。她说她们去彩排，因为学校没有布点，大家找不到位置，很乱。我就说，那不能怪你们学生，是学校考虑得不周全。

今天下午，我们去游泳，她很喜欢游泳，我们太长时间没去了。晚上回来，在外面吃饭，她说，太累了。我就说，我知道你很累，要不我还想吃饭之后去逛街呢。她很和气地说，妈妈，如果你想去逛街，我可以陪着你去。我非常惊讶，孩子已经很长时间不和我们逛街了。以前，我和她爸爸怎么求，她都不去，我没想到今天晚上，她会这样说。

通过NLP课程的学习，治好了我的焦虑症，不管在教育自己的孩子上，还是工作上，我都不再焦虑了。现在班里有孩子迟到，我会说，用你聪明的小脑袋，想想办法，怎么做，今后才会准时到教室。我判作业的时候，不打红叉了，学生做错的地方，我会给他们

方法对了，
✔
教育就简单了

印一个带有"努力"字样的小印章。最近工作上特别忙，千头万绪的，领导布置任务的时候，我不再抱怨，不再着急，我就认认真真做完一项再做下一项。我也不知道我为什么和以前的想法和心情都不一样了。

我以前心里总是怕，怕自己的孩子成绩不好，怕自己的工作干不好，越怕心里越急躁。现在我真的不怕了，啥都不怕了，事情就向好的方向发展了。

我在教学生的时候，总是让孩子们想象画面。学写字的时候，我就问他们：在你的脑子里面看到这个字了吗？看清楚了吗？我告诉他们，只要你在你的脑子里面看清楚了，这个字就变成了你的字，学的知识就成了你的知识。我们在学一百以内的大数，对于一年级的孩子，数有些大，我就让他们在自己的脑子里想象出来这些小棒怎么摆。比如37这个数，我就问："你用你喜欢的颜色的小棒，怎么摆出37这个数？""摆3捆每捆10根的小棒，再摆7根小棒。"孩子们回答。"你们看清楚了吗？""看清楚了。""那么37这个数，是由几个十和几个一组成的？"孩子们很快就说"三个十，七个一"。我觉得这样的教学很顺畅。

（常玲玲）

NLP与一个大男孩儿的故事

有这样一个大男孩儿，开学第一天走进校园，他就对妈妈说："妈，这个学校我就是老大。这教学楼是我爸爸盖的。"等候点名

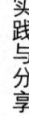

分班的时候，他嫌站着累，160多个孩子都站着，他自己蹲着，任凭老师和妈妈说什么，他就是不起来。上第一节课，在座位上他就自言自语，一会儿趴着，一会儿蹲到桌子底下。任凭老师和同学说什么，他就是听不进去。最后把老师气得没有办法了，厉声说道："今天你再不遵守纪律，中午就别回家了！"

他抬起头来，笑嘻嘻地说："老师，我正好中午去你们家吃！"

老师无语了。

接下来发生的，比你想象的还要可怕。音乐课上，老师带领同学们唱歌，他大声说："老师，你别唱了，太难听了，快换人教吧！"体育课上，他更是任性，一会儿揪揪别人的头发，一会儿拽拽别人的衣服……没办法，体育老师只能停止教学，先管教他一个人。周一全校师生举行升旗仪式的时候，他不能站到班里，要一个男老师专门看着，和老师们站在一起，因为只要有他在，周围的小朋友都遭殃。

大家都知道"破窗效应"，他就这样为所欲为带头捣乱，我的班级管理难度有多大可想而知。你批评他，不管用；你跟他讲道理，他比你还明白；打不能打，骂不能骂，软硬兼施，能想的办法我都想了，可就是不起作用，对于他来说，什么都无所谓。

开学第一周我简直烦躁到了极点，看什么都不顺眼。我看着这个男孩儿，心中的怒气就噌噌地往上冒，直冲头顶。班上除了他以外，还有其他在幼儿园就任性得出了名的男孩儿，也跟着一起搅和。所以，班级管理给我带来了前所未有的挑战。

当我走投无路的时候，我请教范校长，他的话点醒了我，NLP里面有很多假设，可以调整我的心态，还可以帮助我找到许多解决问题的办法。

方法对了，✔教育就简单了

首先，NLP的几条假设打通了我的思维通道，让我的心态变得平和了。"看别人是魔鬼，你就生活在地狱里，看别人是天使，你就生活在天堂里。"我不能把任性的孩子看成魔鬼，那样我就生活在地狱里。我的焦点要聚焦在孩子们的优点上，努力发现孩子们身上的闪光点。"凡事发生必有助于我"，班里任性的孩子虽多，但这几个孩子的存在正是我提高能力的大好时机，如果我把这些孩子给教育好了，那么我的能力就增长了一大块儿。"凡事至少有三种解决办法"，这些孩子不是管不了，是我暂时没有找到方法。

有了好的心态，我开始静下心来想办法。利用结果框架，由原来的关注问题转变为关注结果，于是开始寻找办法和可用的资源，当我再看这个大男孩儿的时候，也不那么生气了，接下来的一周内，我就耐心地观察。同时利用NLP技术和他妈妈进行沟通，不断加深对这个孩子的了解，征得他妈妈对我的理解和支持，让她相信我能把孩子带好。

经过了解我知道了，孩子父母离异，孩子在姥姥家长大，姥姥一家非常溺爱这个孩子，一味地宠着惯着，生活习惯相当不好，衣来伸手饭来张口。妈妈在他很小的时候就给他买了学习机和许多关于学习的光盘，孩子识字量很大，数学也很好。在幼儿园的时候，老师教的知识，一般他都会，对老师讲课没有兴趣，然后就捣乱，谁也管不了。全班小朋友都受他欺负，连园长都拿他没办法。

我认为，这个孩子捣乱的积极动机是：引起老师和同学的关注，让大家感觉到他的存在。他有两个优点：一、学习好，爱读书；二、精力旺盛，情商高。

为了能让他静下来，学会安心学习，我自费买了许多绘本，只要他写完作业，刚想捣乱，我就给他一本书看，他马上就被书里的内容吸引了。同时经常安排他干一些力所能及的活儿，让他觉得自己是有用的，增加他的价值感。比如，我分单元试卷，让他给其他班老师送过去或者让他给传递一下，一些需要告知其他老师的事情也让他传话。因为他情商高也会学舌，所以这些事情干得都很好。在他写完作业没有事情干的时候，为了防止他捣乱，我就让他教一些后进生拼音。我重新定义他的身份，告诉他我相信他一定可以教会这些同学，成为一个合格的小老师。他教得很认真，我给他照相，写随笔，让他带回家，这是他从来没遇到过的事情，他兴奋极了……

　　我在跟他聊天的时候，还经常看似不经意实则有意地让他感受到做这些事的价值：帮我分担了一些任务，让我的工作变得轻松了，给我带来了快乐！这样一来，孩子就有了价值感。他发现，他能给老师带来快乐，还能帮助其他小朋友，是一个有用的人。

　　同时，我用电话和她妈妈沟通，回家后一定要和孩子聊一聊在学校里发生的事，肯定孩子好的行为。让孩子干一些家务活，并给予积极回馈，培养他的价值感。

　　我不断地利用他的"错误"让他成长。比如，有一次他把一个同学挠了，还理直气壮地跟我说："老师，他先打我，我才挠他的。"

　　我问他："他打你，你很气愤是吧？"

　　"是。"他回答。

　　"他打了你，你为了保护自己才挠他的，是吗？"我继续追问。

　　"是。"他点点头说。

　　"他打你，你保护自己这个想法是对的。你除了挠他以外，还有其他方法吗？"我启发他寻找解决问题的新方式。

　　他仰着头，开始思考，然后告诉我："嗯——还可以先问问他为什么打我？或者是告诉老师。"

"对呀，你看，除了挠他以外，你还有许多解决问题的方法。你想一想，如果现在发生这件事，你会怎么做？"我又问。

"我先问他，你为什么要打我呀？告诉我理由，要不然，我告诉老师。"

"这就对了嘛，他打你，也许你们之间有误会，问明白了，误会就解除了。老师教过你们'凡事至少有三种解决办法'，以后再遇到这样的事情要先想一想，有哪些方法可以解决问题，然后选一个你认为比较好的方式。"

就这样，这个大男孩儿，在我一次次耐心的引导下，一点点地变了，上课变得乖了，课下能和同学友好相处了。

当然，孩子的坏习惯是几年下来养成的，不可能一下子就改好，所以偶尔也会反复。但是我也不气馁，因为NLP告诉我"没有失败，只有反馈"。他反复了，不能说明我教育失败，只能说，需要改进方法了，我要继续寻找更好的方法。这让我丢掉了那些无助、无望的负面情绪，更多的时候是在寻找影响这个孩子的办法。

经过两个月的引导，这个孩子进步了。科任老师发现他和其他同学一样规规矩矩上课了，还总抢着帮助老师干活。家长和邻居们发现他进步了，孩子没事就看书，看够了就帮姥姥干活，实在没事干，就给姥姥擦玻璃。当然，最幸福的是他的妈妈，他经常帮妈妈捶捶背，捶捶腿，和妈妈一起看书，一起做游戏。

我想说，是NLP挽救了我和这个孩子。如果我没有学习NLP，我得被这个孩子气死，弄得我像疯子一样，到处向人抱怨遇到了这样一个熊孩子。这个孩子也会继续任性下去，为所欲为，或许更加放肆，最后成为一个让老师们都头疼的、无可救药的家伙。

不能让任何一个孩子掉队，教育好每个孩子，让班里每个孩子拥有一个快乐、幸福的一年级，这是我的责任。是NLP让我实现了这个愿望，担当起了这份责任。

（李丽丽）

成长，让我幸福

作为一名小学班主任，面对各种各样的孩子，总会遇到各种各样的问题，这让管理经验不够丰富的我应接不暇。其中最让我感到棘手的是"考前复习效率低下""个别学生家庭作业不能完成"以及"问题生转化"的问题。幸运的是，我参加了周校长组织的NLP培训班，主讲范校长的许多教育理念总会让我有茅塞顿开的感觉。结合培训所学，我又利用课余时间读了《终身成长》一书，学习之后，我觉得我找到了成长方向，有了"靠山"，有了解决问题的锦囊！心里的那些小收获让我跃跃欲试。

一、直面考验，我和我的孩子们共同成长

困惑：考试，是检验教师教学与学生学习情况的有效途径。每每到了期中、期末考试前夕，我心里的那根弦就会绷得紧紧的，压力巨大，就怕学生考不好。每天紧锣密鼓地复习，学生把题做对了，我开心；做错了，我暴躁。老师每天暴跳如雷，学生每天如履薄冰。"低气压"下的复习过程，真是老师累学生更累，效率也总是不能与付出成正比。学了NLP，读了《终身成长》，我觉得我遇到了救星。

思考：学习NLP课程时，范校长不止一次地提到了固定型和成长型两种思维模式。这两种模式在《终身成长》中有具体的诠释：固定型思维的人重结果而不重过程，很难通过经历的事情有所收获；而成长型思维的人，把每一种经历都看作成长锻炼的机会，在不断经历的过程中提升自己。我想，我之所以会对考试充满压力，就是因为我过分关注了事情的结果。

培训中，范校长的一个观点让我印象深刻："要多关注孩子做得好的80%，少关注孩子做得不好的20%。"然而，教育教学中，作为教师的我们往往习惯性地放大学生的错误，忽视学生的进步。我们明明知道，考试前夕的复习是一个系统的过程，各种知识的串联对于学生们来说本就是一个挑战。那么既然是系统性的，又是充满挑战性的过程，学生怎么会不出错？既然出错是正常的，我们为何要忽略学生对大部分知识的良好掌握，却要揪着学生的一点错误大发雷霆？NLP告诉我们"凡事发生必有助于我"，如果我们把学生的错误当成"机遇"来填补学生知识的空白点，或者说是弥补我们教学中的遗漏点，我们的收获会不会更多？感觉是不是更好？！

案例：我把学习所得在刚刚过去的期中考试中做了尝试，面对即将到来的期中考试，我没有像以前一样顶着压力、害怕考试，而是把它看作是一次提升自己和学生的机会。备考阶段，我告诉自己，不要一味怒对学生的失分点，及时查漏补缺才是关键；同时要特别关注到他们的进步，及时给予积极反馈评价。我不再因学生的错误感到失望与愤怒，相反地，我感谢这些错误，因为它们暴露出了学生的知识薄弱点和我教学中的不足。这样，我就可以抓住时机，想办法"消灭"这些"敌人"，使我和我的学生们都在这个过程中得到提升。我也不再忽视孩子们身上好的80%，每次讲解模拟卷之前，我都会拿出5-10分钟的时间让孩子们表扬自己较上次考试的进步之处，这成为许多学生更加努力的动力。不得不承认，用这种方式处理问题，与之前相比，的确是让人感到心情愉悦而又事半功倍——考试压力小了，学习氛围浓了，我爱教了，学生也爱学了。

期中考试，我的学生们考出了不错的成绩：全镇第一。我当然没有放过利用分析期中试卷来实践培训所学和读书所得的机会。我改变了以往一上来就揪住失分点、平均分、最低分、"拉后腿"来"大做文章"的习惯，没有像以前一样说着说着就言辞激动、火冒三丈。我微笑着祝贺他们："同学们，祝贺你们取得了好成绩！"获得表扬的学生们的脸上露出了灿烂的笑容。接着，我肯定他们的努力："这个成绩来之不易，因为在获得它的过程中我们付出了太多的努力。看！有付出，总会有收获！"孩子们兴奋地点头。"在这次考试中，同学们的计算题和提出问题一题得分率最高，你们真棒！不过，也有的同学被一个叫'马虎'的坏蛋抢去了分数，接下来大家就自己研究试卷，找出被'马虎'抢走的分数，得到我们应得的分数。"前面的开场使我的课堂气氛一改往日的"低气压"模式，学生们在一种轻松愉快的氛围里开始低下头研究自己的失分点，把因为马虎大意错了的题自行修改。仅仅十分钟过后，大部分学生都订正好了试卷，并按老师的要求用铅笔在分数的旁边标注出了"应得"的分数。要知道，以往的先批评后逐一讲解，再让学生订正试卷的方式，费时费力不说，学生在改试卷的时候就像被迫一样，心不在焉，甚至一道简单的计算就要改三五遍！学生自己解决了"伪难题"之后，我来分析事先标注好的难点。错误率最高的是一道关于统计表的判断题，二年级时孩子们已经接触了普通统计表，这学期是把普通统计表进行整合，研究复式统计表。关于统计表的形式我没有特别强调过，以至于对于过往知识掌握不扎实的孩子们来说，这题成了难点。我庆幸此次考试暴露出了这个问题，因为它不但让我了解了孩子们知识掌握的程度，也让我找到了教学的方向——新旧知识的串联与整合必不可少！明白了这一点，我有信心让此类问题不再成为我们的失分点。正如范校长所说："跌倒了，捡点儿东西爬起来。"我，"捡"到了！

收获：经历过学习与实践，我发现自己变了。以前的我是一个典型的具有固定型思维的人，工作生活中我习惯随遇而安，不喜欢面对任何有挑战的事情，尽管也有多次取得不错成绩的时候，但都是压迫出来的，不得已而为之。读了《终身成长》，我明白了随遇而安很难有进步，逃避解决不了的问题，最终还是要面对。与其把精力放在担忧、逃避上，让自己压力山大，不如把每一次磨炼都看作一次成长的机遇，关注自己在过程中的成长，就像范校长说的"过程比结果重要"。让我开心的是，我变了，我的学生和课堂也变了，轻松愉悦的氛围里，学生渐渐有了学习兴趣。初见效果，我知道我不能止步于此，我的下一步目标是转化具有固定型思维的孩子，帮助他们积极面对学习中的困难与错误，以此为契机，使他们不仅"学会"，更要"会学"。感谢NLP，让我找到前进的方向和直面挑战的勇气，让我和我的孩子们一起成长！

二、告别"暴躁"的星期一

困惑：每个星期一的我，脸上都会写着两个字——暴躁！在那一整天的时间里，我做得最多的是两件事——"审讯"与"追捕（补）"。"审讯"的是被科任老师和课代表告状的没有完成家庭作业的学生；"追捕（补）"的是他们没完成的作业。总结一下处理的流程，无外乎老三样：先怒发冲冠地追问原因，再恩威并济地开导、责备，然后利用一切可以利用的时间盯着学生补齐作业。

回忆我的"审讯"过程："为什么不写作业？""为啥总是你完不成？""你每天都干点儿啥？"面对老师的质问，学生的反应如出一辙：低头不语，手足无措。就好像老师的问题早已将他们逼入了一个死胡同。不写作业，"因为我懒"；总是完不成，"因为我管不住自己，我已经习惯了不完成作业"；每天都干点儿啥？"我玩积木，看电视，就是没写作业。"……其实这些回答，不用他们说出来，我早已了然于胸。但是即使这样，我却还是要强忍着无奈与愤怒，逼问出这些"答案"。多少次这种流程重复下来，弄得自己身心俱疲，取得的效果却微之甚微。更有甚者，不写作业的学生"百炼成钢"，犯了被老师逼着改，改了管不住自己再接着犯，陷入一个恶性循环的旋涡。

思考：其实，不是孩子不放过我，是我不放过自己；不是他们不愿意说实话，是他们的"实话"早已被老师思维定式——你必须承认你错了！你必须告诉我不写作业是因为你懒！你必须得跟我保证你以后绝对不会再犯了……我不禁问自己：那些了然于胸的话——是答案吗？真正的答案是什么？我好像从未给过自己和学生机会去倾听与表达。直到学习了NLP课程，才感觉看到了曙光。

范校长在NLP课程培训中说道："重复旧的行为只能得到旧的结果""任何行为的背后都有积极动机（对他自己）""用'先跟后带'的方式与学生沟通"……我想，我找到了破解这个"恶性循环"的方法——改变自己的行为方式与沟通方式，了解学生的行为动机。

案例：上个星期一，从不完成作业的小陈又被告状了，数学作业和英语作业没有完成。我暗想，我学到的东西有用武之地了。所以，看到书写凌乱、大片空白的练习册，我没有像以前一样怒发冲冠。我把小陈带到办公室，他垂头丧气地站在我的办公桌旁，低着头一言不发。我把座位旁边的椅子拉出来，抻抻他的胳膊示意他坐下，他愣了一下，没有拒绝。我想起范校长在培训中说过的话："问'为什么'要注意语气，因为'为什么'往往有责备的意思。"所以我没有用那句惯用开场白："为啥没有完成作业？"而是选择了一种委婉的开场："小陈，你很紧张？你是不是猜到了老师为什么找你？"（我想用"先跟后带"的方法去跟他的情绪，让他放松一些）他沉默了几秒钟，从他的表情里，我读出来他肯定是在考虑为什么老师没有像往常一样大发雷霆，他不适应老师这种平心静气的态度，但显然老师的这种转变他是受用的。他抬起头对我说："因为我没有完成作业。""这个周末你是不是有重要的事要做？"（我在寻找他的行为动机）在说这句话的时候，我没有停下判作业的笔，也没有关注他的表情，潜意识里我觉得这样可以让他放松一些。沉默了一会儿，他点着头"嗯"了一声。我忍着心里的怀疑，继续问道："那么是什么事情让你忙得没有完成作业呢？"他小声地回答我："我老太去世了。"我吃惊地说："那你一定很难过吧？家里肯定也是忙成一团，换作别的同学肯定也没办法认真完成作业！"（跟情绪，肯定动机）他的眼里泛起泪花，冲我点点头。我继续说："你和老太的感情好不好？"他用力地点头："好！老太最喜欢我，什么好吃的都留给我。"他开始话多起来了。"那你觉得老太会希望你做一个怎样的孩子？""好好学习，认真写作业，听话。""那么到目前为止，以前的那个不完成作业

实践与分享

的小陈是不是应该跟我们说再见了呢？"他用力地点头。我知道我的沟通有了效果，我乘胜追击："那么，你想让你去世的老太和关心你的父母、老师看到一个什么样的小陈？""要好好写作业，好好学习。""什么叫好好写，好好学呢？"问到这里，他又开始沉默了。我开始用NLP理念中的"三赢"分析他的行为动机："老师知道，亲人去世了，你的心情很糟糕，老师可以理解你。但是你几乎天天都不完成作业，把'偶尔'变成了'经常'，这怎么能行呢？在老师心目中，课上的小陈是个出色的孩子，回答问题最大声，听讲最专心，但是课上的这些好表现，让老师无法将它与你乱糟糟的作业对号入座。上了一天的课，你很想玩一玩，放松放松。老师也当过学生，十分了解你们的感受。但是你想一想，过于放松了以至于作业没有完成，作业完不成就无法检验你的所学，不检验所学，老师就没办法了解你的掌握程度，那样你就无法学到知识。你学不到知识，成绩下降，同学嘲笑你，父母、老师还会对你失望，和你生气。这是你想要的结果吗？"他马上用力摇头，说："这不是我想要的结果！老师，对不起！我改！上课的时候我都听懂了，课上的练习题我也都会做，但是作业我没认真写，以后我一定好好写，让作业'说实话'。"……最近，小陈已经有了一些改变，虽然还是会有不完成作业的时候，但是我更愿意关注他的细微进步，并及时给他鼓励。

收获：记得一篇心理学文章中写道，"我们可以接受一个人的动机和情绪，同时不接受他的行为。有时一个人的动机是积极的，只是效果是无效的。接受动机和行为就是接受那个人，那个人也会感受到你对他的接受，从而更愿意在你的引导下做出改变"。NLP沟通技术帮助我和我的学生进行了有效沟通。但是，深入思考的话，小陈的问题不是偶然。这种普遍存在的问题，不是NLP课程中提到的"操作型问题"——给了方法当时就能解决。这是"成长性问题"，是一个长期性问题，解决它需要较长时间。所以，我并没有奢望通过这一次努力就彻底地改变小陈。所以，接下来我依然需要努力。亲身参与到学生改正的过程之中，发挥教师的引导作用，教给学生改正的方法。正如《终身成长》中说到的一样："尝试在成长型思维的框架下阐明观点，并给予学生关于他们做事的过程和方法的反馈。"比如，我告诉小陈，作业条每天要记清楚，老师帮你检查；不会的题做好标记，可以空着，老师来教你；写作业时给自己限定时间，按要求完成了可以给自己一些奖励；你随时可以跟老师分享你的困难与收获……

如今，面对星期一我和我的同学们，我平静了不少，开心了不少，充实了不少，也幸福了不少！感谢NLP！再见，"暴躁"的星期一！

三、"问题生"也能变得"没问题"

困惑：经常在教育类书籍中看到一个观点——要平等对待每一个孩子。我想，我没有做到。

一般情况下，作为老师的我们，会不自觉地把学生简单分为好学生和坏学生两类，说得委婉点，叫作优秀生与问题生。尽管这种分类是主观的，也是武断的，但多年来至少我就是这样。去年的九月份，我接手了三年级。正式上课之前，我像往年一样，跟这帮孩子的上任班主任"打探"情况。我边问边在学生名单上做记录——"懒惰、不完成作业""学东西慢、成绩差""聪明，但不爱写作业""单亲、不好管""踏实、成绩好，但很爱哭"……基本上，标记完一遍之后，孩子在我心里已经有了分类，这种分类先入为主地占据了我的大脑，还未曾与我相处过的孩子们连表现的机会都没有，就已经被老师定了位，在面对他们时，我戴上了有色眼镜。试问，怎么会有"平等对待"可言？

从事小学班主任已经有六年光景，在这六年的时间里，我接触到了各种各样的优秀生与问题生。与他们相处，我秉承着自己的原则——宽容"优秀生"，严惩"问题生"。在我看来，"好学生"就是样样好，虽然偶尔会犯错，但在我眼里再大的错也是小错，也可以宽容对待；而问题生，似乎天生就是来闯祸的，每天就会给人"添堵"，针尖似的小错就会被我放大无数倍，我告诉自己，犯了错如果不小惩大诫，他们肯定记不住。结果，优秀生没有更优秀，问题生的问题却越来越大，每天被贬得一无是处，破罐子破摔。我不禁问自己，到底该怎样与孩子们相处？什么才是平等对待？我的"宽容"与"苛刻"用得对吗？

思考：学习NLP，我学会了"教育是爱的艺术，我们不缺少爱，缺少的是技术"。我始终自信地认为，对事业、对学生我充满了爱，但是，我的爱却没有获得想象中的结果。我想，是因为爱得太偏激，爱得缺乏艺术性。对待学生，我的固定型思维让我给孩子们画了圈、分了类。面对不同的学生，我采取了不同的方法，但不同于人们倡导的"因材施教"，我的主观决定了孩子们的"命运"。范校长说"差生都是评价出来的"，那么"优秀生"难道不是我们用各种机会与鼓励培养起来的？由此去想的话，我评价出了多少"差生"？我又鼓励出了多少其实并不优秀的"优秀生"？我想，与学生相处，我的原则该变一变了。

案例：小王，是我认为的"差生"中的一员。与他的上任班主任聊过之后，我就给他贴上了"问题生"的标签。经过一个学期的相处，他的毛病有增无减——书写潦草、不完成作业、上课听讲不专心、说谎、爱与同学闹矛盾……父母对他的学习不关心（长期与爷爷奶奶生活，父母对他的关心少之又少），提起他来，我的头脑中全是这些"黑色"的形容词，他简直就是"坏习惯的综合体"！所以，每天上课的时候，小王的任何"风吹草动"都被我看在眼里，并被我放大无数倍之后，再用严厉的语言返还给他。"小王，你会不会坐着？""小王，你怎么总是在吃手？""小王，看你的作业，写的是什么？"……小王在我的"严厉"教导中越挫越"勇"，每天问题不断，甚至于有的学生也开始用"鄙视"的目光看待他。看着小王被孤立，我心里没有痛快，有的是"憋闷"与失望。我的初衷，不是让他变得"人人喊打"，而是想要激发他的自尊，让他有所转变，显然，适得其反了。

一个周日，我接到了小王妈妈的电话，她告诉我小王的练习册找不到了，数学作业没法写，说家里学校都找过了，就是没有。听到这个，我的第一想法就是，小王又在说谎了，就像上个月，他因为不想写语文作业，把语文练习册藏在家里，跟老师撒谎说丢了一样。那次，小王在我的"严厉逼问"下，承认了自己的"罪行"，拿来了练习册，补上了作业，我貌似"圆满"地解决了问题。可是，今天这又是怎么回事？故技重施？或者另有隐情？我想起了NLP培训中范校长说过的："用旧的方法，只会得到旧的结果。""步步紧逼，孩子只是觉得自己不该这样，妈妈、老师会生气，但他们并不知道如何去做，会偷偷做，不让家长、老师知道，与教育的初衷背道而驰。"所以，我克制住了向小王的妈妈"吐槽"小王的冲动，而是给事情留了余地，我告诉小王的妈妈，周一去学校了我会帮小王找一找。为了避免让小王产生找不着练习册就可以不写作业的"侥幸心理"，我给他布置了一些其他的作业。

周一早上，我早早来到学校，一进教室就被课代表们围起来，他们又开始状告小王的"罪行"，不用听我也知道，肯定是因为作业。我看了一眼在座位上垂头丧气的小王，对课代表说，小王的作业跟你们不一样，收上来就好了。小王脸上一闪而过的开心，我没有错过，我想，可能这次会有意想不到的结果吧？我一定要乘胜追击。安排好学生们，我把小王叫到了办公室。

"知道老师为什么找你吗？"

"因为我没写完作业。"

"练习册真的找不到了吗？"

他点头，说："嗯，我把家里、学校都找遍了，就是没找到，我还让爷爷带我来学校找，也没有找到。"

虽然到现在为止，我还在怀疑小王故技重施地藏起了练习册，但我告诉自己，那只是可能，是我对小王以前行为的不满在驱使着我靠近那个想法，我不能武断。于是，我继续说："哦，那找不到练习册，你着急吗？"他点头。

"你是什么时候发现找不到的？"

"周六下午。"

"可是老师接到你妈妈的电话是周日下午呀？过去的一天时间里，你没有想想要怎么解决找不到练习册的问题吗？"

他低头不语。

"小王，老师知道，你想要写完作业，你不想让妈妈着急、老师生气，你也不希望每次都被课代表告状，你也希望听到老师和同学的表扬，是吗？"

小王显然是没有想到老师会一改以往的责备，而是换了一种方式来解决他的问题。他用力地点头。我继续说："小王，如果时间可以倒流的话，回到周六下午你发现练习册找不到的那一刻，你会怎么做？"

"我会去找其他的同学借练习册，把题写在练习本上。"

显然，小王已经开始寻找解决问题的方法了。我抓住时机对他说："你的办法很好，至少可以完成作业。但是老师觉得，要想真正地解决问题，应该从改变你丢三落四的习惯开始。回家前对着作业条把作业捋好，发现缺什么赶紧找，整理好之后再回家，这样是不是就不会再出现回家后发现作业没带全、练习册找不到的情况了呢？"小王使劲点了点头。后来，在小王同桌的书包里找到了小王的练习册。那天下午，小王把补好的作业放到了我的办公桌上。看着小王的作业，我发现他的字迹虽然并不美观，可是每一笔都那么用力，那么认真，那么工整。由此可见，他是从内心深处想要认真改正自己的坏习惯了。给孩子一次机会，也给自己一次机会，你就会发现改变并没有那么难。

就像范校长说的："孩子总是在试错中成长。"我们要做的，不是在他们犯错的时候大声苛责、威胁，使他们迫于压力做出临时的改变，而是在他们犯错的时候，给他们解释的机会，倾听他们的理由，和他们共同寻找解决问题的思路和方法。这样的"错误"才是有价值的，才不会再重复出现。正如NLP中的观点——跌倒了，捡点儿东西爬起来。

我明白，一次沟通，一次改正，不足以使小王痛改前非，也不足以使全班同学改变对小王的看法，所以，我需要想一些办法，摘掉全班同学看待小王时戴着的有色眼镜。

一个周一的班会课上，我宣布了自己的决定，我给小王"升了职"，让他当我的课代表。同学们的眼神是怀疑的，有的甚至是嘲笑的。我知道，现在不论我说什么，都不如小王做出一些成绩来有说服力。我能做的，是跟小王继续沟通，鼓励他，教给他前进的方法，然后，就是静静地等待。

班会过后，小王每天来得都挺早，三个课代表里面，小王是最积极的，他抢着收发作业，每次在我上课前，他总是会飞快地跑到我的办公室问有没有要帮老师拿的东西……最让我欣喜的是，小王不完成作业的次数少了。虽然还是偶尔会有作业没完成的情况，但他不会再像以前一样掖着瞒着，说各种谎言，而是会主动向老师说明原因，并在第一时间补齐。虽然我知道，这可能是他的老毛病又犯了，但我告诉自己，我应该更多地关注他的进步，这种进步不是跟其他人比，而是跟他自己比。上周的班会课，我表扬了小王，我发现其他孩子的眼神善意了许多，相信小王也能感觉得到大家对他的认可，我只希望，小王能够继续坚持，一点一点地进步。

收获：处理小王的问题，我运用了NLP中学到的"让孩子体会到自己的价值感"，通过让他做课代表，让他体会到了自己是有用的，是有价值的，在不断改变的过程中，产生自尊、自信和责任意识，在实现价值的同时，用越来越强烈的责任感约束自己的行为，并努力地去改变，从而达到彻底转化的目的。NLP告诉我们"**价值感是孩子内心的一种需求**"。而作为教师的我们，有责任去创造机会，满足孩子们的这种需求。我很庆幸，在处理小王的问题的时候，我调整了我的大脑程序，没有在固定型思维的影响下重复旧的行为。谁能肯定，以前小王的问题看似圆满地解决不是偶然？现在这样处理问题，避开了偶然会给孩子带来的伤害，表面上看，似乎是我给了小王改过的机会，但同时，这难道不是也给了我自己一个成长的机会吗？我想说，有一种"有问题"是老师觉得他"有问题"。实践告诉我们，"问题生"也能变得"没问题"。希望作为老师的我们，转变固定型思维，用发展的眼光看待他们，摘掉有色眼镜，给他们平等的宽容与对待，给自己，也给学生一个改变的机会。

总之，作为一名教师，就是应该利用教学事业来拓展自己，让自己做一个有收获、有追求的教师！就像《终身成长》中引用的教育家西摩·萨拉森的名言说的那样："学校是给学生学习的地方。不过，为什么学校不能是老师学习的地方呢？"

成长，让我幸福！

（边红薇）

大道至简，繁杂皆是小术

　　不记得是哪一年，只记得是很久很久以前，我到唐山市当时比较繁华的小山市场去买东西，发现在一个地摊前围了很多人，人群中不时传出热烈的掌声和惊叹声。我挤过去一看，原来是摊主在表演九连环。九个铁环在魔术师的手中不断地变幻成各种物体的形状，大家被摊主的精彩表演所吸引（那个年代信息比较闭塞，能看到这么精彩的免费的魔术是一件非常幸运的事）。我则是很好奇："他是怎么将两个分开的并且封闭的圆环连在一起的呢？"表演结束后，摊主开始推销他的道具，5元钱三只铁环，并且包教包会。俗话说，好奇心害死猫，在好奇心的驱使下，我掏钱买了一套。摊主则非常神秘地把我拉到一边，买魔术道具可不是一手交钱一手交货，而是先交钱后给货。他先接过我手中的钱，然后把道具交给我。我接过道具，当时就觉得上当了，三个铁环中有两个是连在一起的，另一个有一个半厘米大的缺口。所谓的神奇全在他的手法上。随后我又不自觉地笑了：**世上哪有什么奇迹，所谓奇迹是你不了解内幕而已**。现在我已回忆不起当时他教我的手法了，只是这三个铁环还扔在我家的抽屉里。我呢，也做不出任何"精彩的表演"，只是觉得不过如此。

隐藏在那些奇迹般的魔术表演背后的秘密，经常是如此的普通和平凡，以至于人们发现其秘密后不禁会感到失望。

同样，当你了解了NLP与教育整合的这些理念和工具，看懂了我的讲座实录和案例后，一开始的"好奇、神秘"怕是已消失殆尽，或许也会觉得"不过如此"。

大道至简，繁杂皆是小术。

想一想，魔术的价值不在道具本身，而在于将一些看起来平常的道具应用得神灵活现，真正的学习者也不会止步于我听懂了，会更钟情于听懂了后的反复思考和实践。

书本里的知识是属于大家的，而运用知识的逻辑是属于你自己的。知识只有用了才有力量。

看懂了和能用了还有一段距离。

能用了和融会贯通了还有一段较长的实践之路要走。

好在NLP认为，说起来容易，做起来……我知道你想说难。NLP讲的是说起来容易，做起来更容易，做好，需要反复思考和实践。

不要怕做不好，**"凡是值得做的事情，就值得一开始做得一塌糊涂"**。这才是成长型思维。

你没有用，它就没有用，知识只有用了才有力量。世界上读书最多的是犹太人，犹太人把读了很多书但是不用的人，叫作"驮着书的驴子"。如果你对NLP教育整合有兴趣，就积极实践吧！"不做驮着书的驴子"，也不做"长了腿的书橱"。

本书提到的理念和工具就是魔术道具，分享的案例是我的表演，期待你的精彩！

愿NLP给你插上一对翅膀，愿NLP与教育整合在你的努力下得到发展！

参考文献

1. [美]罗伯特·迪尔茨.语言的魔力[M].谭洪刚，译.长春：北方妇女儿童出版社.2016

2. [美]安东尼·罗宾斯.激发无限的潜力[M].李成岳，译.北京：新华出版社.2002

3. [美]安东尼·罗宾.唤醒心中的巨人[M].王平，译.北京：中国城市出版社.2011

4. [美]卡罗尔·德韦克.终身成长[M].楚祎楠，译.南昌：江西人民出版社.2017

方法对了，
✓
教育 就简单了

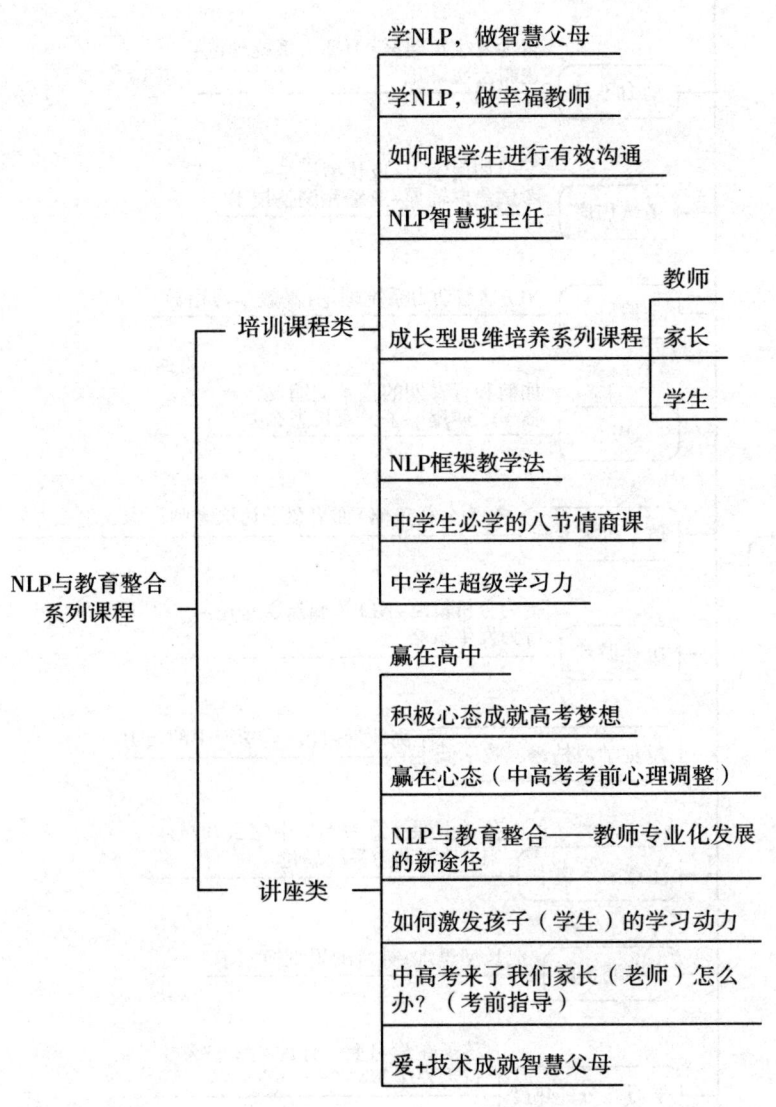

NLP与教育整合
系列课程

培训课程类
- 学NLP，做智慧父母
- 学NLP，做幸福教师
- 如何跟学生进行有效沟通
- NLP智慧班主任
- 成长型思维培养系列课程
  - 教师
  - 家长
  - 学生
- NLP框架教学法
- 中学生必学的八节情商课
- 中学生超级学习力

讲座类
- 赢在高中
- 积极心态成就高考梦想
- 赢在心态（中高考考前心理调整）
- NLP与教育整合——教师专业化发展的新途径
- 如何激发孩子（学生）的学习动力
- 中高考来了我们家长（老师）怎么办？（考前指导）
- 爱+技术成就智慧父母

```
                                       厌学 ─── 回忆的三要素+学习中的阻力

                                       动力不足 ─── 行为发生策略+学习动力系统理论+
                                                    逻辑层次理论

                                       考试焦虑 ─── 学习如何学习+成长型思维+
                                                    考试焦虑辅导+亚感元调整技术

                                       偏科 ─── NLP学习动力系统理论+高效学习指导

                                       逆反 ─── 如何和青春期的孩子交朋友？+
                                                孩子"逆反"了，家长怎么办？

        教育单方                        孩子讨厌老师 ─── 行为分析策略+如果孩子讨厌老师，家长怎么办？

                                       沉迷游戏 ─── 行为分析策略+NLP逻辑层次理论+
                                                    行为发生策略

                                       感觉学习枯燥、效率低 ─── 高效学习指导+学习中的阻力

                                       注意力不集中 ─── 孩子上课注意力不集中怎么办？+
                                                        NLP学习动力系统理论

                                       青春期焦虑 ─── 成长型思维+神奇的思维换框术

                                       学习三分钟热度 ─── 孩子在学习上三分钟热度怎么办？+
                                                          行为发生策略

                                       ……
```